中华优秀传统文化是炎黄子孙共同的精神家园

荀子选译

雪克 王云路 译注
董治安 许嘉璐 审阅

古代文史名著选译丛书

（珍藏版）

主编 章培恒 安平秋 马樟根

凤凰出版社

图书在版编目（C I P）数据

荀子选译 / 雪克，王云路译注. -- 南京 : 凤凰出版社，2017.1
（古代文史名著选译丛书 : 珍藏版 / 章培恒，安平秋，马樟根主编）
ISBN 978-7-5506-2470-2

Ⅰ. ①荀… Ⅱ. ①雪… ②王… Ⅲ. ①儒家②《荀子》—译文③《荀子》—注释 Ⅳ. ①B222.6

中国版本图书馆CIP数据核字(2016)第257400号

书　　名	荀子选译
主　　编	章培恒　安平秋　马樟根
译 注 者	雪　克　王云路
责任编辑	王　剑　王淳航
装帧设计	姜　嵩
出版发行	凤凰出版传媒股份有限公司 凤凰出版社(原江苏古籍出版社) 发行部电话025-83223462
出版社地址	南京市中央路165号,邮编:210009
出版社网址	http://www.fhcbs.com
照　　排	江苏凤凰制版有限公司
印　　刷	苏州市越洋印刷有限公司 苏州市吴中区南官渡路20号　邮编:215104
开　　本	850×1168毫米　1/32
印　　张	7.5
字　　数	156千字
版　　次	2017年1月第1版　2017年1月第1次印刷
标准书号	ISBN 978-7-5506-2470-2
定　　价	33.00元

(本书凡印装错误可向承印厂调换,电话:0512-68180638)

目　录

前 言

中国历史上第一次思想大解放、学术大繁荣，当推春秋战国时代。那是一个百家争鸣、光辉灿烂的时代，诸多政治家、思想家、军事家涌现出来积极活动，著书立说，各出机杼，熔铸了一系列极为丰富而深刻的思想理论，为中华民族的发展提供了宝贵的历史经验和极其重要的思维成果。

战国时期位于齐国都城的稷下学宫，就是我国古代人才荟萃、百家争鸣的一处著名所在地；而荀子，正是长期活跃于稷下学宫的杰出思想家和文学家。

荀子，名况，字卿（荀字又作“孙”，故荀子又称孙卿：孙卿子）。参照各种有关材料，我们认为，荀子当生于公元前307年（即周赧王八年）前后，卒于公元前213年（即秦始皇三十四年）左右，大约活了九十四岁。荀子的主要活动时期，大约在公元前282年到前238年之间。

荀子的一生同齐国关系密切，如上所说，齐之稷下学宫对他学术思想的形成和发展，给予了重大的影响。据记载，荀子十五岁时即游学于齐，在稷下学宫居留较长时间。当时齐国正是威王、宣王当政，志在图强，称雄东方，因而不惜重金招贤纳士；四方学者云集齐都，从而形成稷下学宫最为兴盛的时期。稷下学士们相互辩论、著书立说，极大地促进了思想的活跃，推动了学术研究的开展。齐湣王执政时，稷下学宫开始衰败，学者们纷纷离去，“慎到、接子皆亡去，田骈如薛，孙卿适楚”(桓宽《盐铁论·论儒》)。齐襄王执政，稷下学宫重又开始复兴，荀子也回到齐国。此时在稷下学宫中，荀子最有威望，最受推重，曾三为“祭酒”(古时饮食祭祀时，推举席中年长位尊者一人为“祭酒”，后因此为官号)。

此外，荀子一生还先后到过秦、楚、赵等国。在秦他虽未被任用，却曾受到秦昭王的称赞；在赵，他被奉为上客，与临武君议兵于赵孝成王前；在楚，他先后两次为兰陵令，春申君死而免官，最后废居兰陵，著书立说，培养门徒，直至去世。

《荀子》一书，绝大部分出自荀子的手笔。但在此外的一部分中，有几篇似出自其门人的记录整理，如《儒效》、《议兵》、《强国》等篇中，都有称“孙卿子”的字样，就是证明；又有几篇似为其后学所记或杂录传记而成，像《大略》以后六篇就可能属于这一类。又，《荀子》书中有些与先秦其他典籍相似或相同的文字，如《礼记》之同于《礼记·三年问》和《大戴礼记·礼三本》；《乐论》之同于《礼记·乐论》及《乡饮酒义》；《劝学》之同于《大戴礼记·劝学》等等。其间情况比较复杂，难以一概而论。有些问题也还需要进一步研究。

《荀子》一书流传到西汉，经刘向校录整理，定为十二卷三十二篇，取名《孙卿新书》。班固《汉书·艺文志》称之为《孙卿子》。到了唐代中叶，杨倞把荀子的三十二篇重新分为二十卷，对各篇的次序也有所调整，并首为之作注，称《荀卿子》，宋以后则通称为《荀子》。这就是我们今天见到的《荀子》一书。

作为战国后期著名的学者和政论家，荀子批判地吸收了春秋战国时期许多流派的进步观点，建立了一个规模宏大的思想体系，成为先秦唯物主义思想的集大成者。《荀子》一书广博宏深，内涵丰富，涉及到哲学、政治、经济、军事以及文化教育等一系列领域，在学术上达到了前所未有的广度和深度。

《韩非子·显学篇》讲孔子之后"儒分为八"，而八儒之中的"孙氏之儒"即指荀子。作为战国末期儒家思想的主要代表人物，荀子尊崇孔子和子弓，以儒家的《礼》、《乐》、《诗》、《书》、《春秋》教育学生，但他的思想有些已超越了孔子。荀子反对子思和孟轲，视他们为儒家的罪人，思想上常处于与之对立的地位。荀子的政治观中，有以下几点值得重视。

一、顺应历史发展的潮流，提出"法后王，一制度"的封建统一论，主张建立统一、集中的封建政权，反映了他的进步的历史观以及对社会历史变革与继承的看法。在《儒效》、《致士》、《王制》等篇中，荀子多次强调齐一制度、统一天下，结束诸侯异政、分裂割据的局面。为了这一政治理想，荀子主张把诸侯争霸引向用武力统一全国，他认为专为兼并别国土地而战的军队都是"末世之兵"、"盗兵"，只有为统一而战的"王者之师"、"仁人之兵"才是无敌于天下的。荀子是杰出的军事家，他的《议兵》篇对军事理论作了系统探讨，并详细论证了关于统一战争中的战略与战术。为了统一天下的政治理想，荀子提出了"富国裕民"的主张，认为只有通过"裕民"政策使百姓先富起来，才能国富兵强，使国家有强大的优势，有足够的物质储备，进而实现"一天下，财万物"的理想。荀子的经济思想、军事思想，都是他政治思想的补充和延伸。

二、为实现封建统一而提出的礼法并重论。"礼治"和"法治"本来是儒、法两家对立的政治主张，荀子继承了孔子的"礼治"、"仁政"思想，又吸收了前期法家的"法治"、"势治"和"尽地力"等观点，主张既"隆礼"，又重法。荀子非常重视礼的作用，把礼和人的物质需要、生活欲望联系在一起，认为礼以顺人心为本，说"亡于《礼经》而顺人心者，皆礼也"(《大略》)。主张用"礼义"区分人们的名分等级，使人们的关系协调一致。他认为礼是立法的依据，"礼义生而制法度"(《性恶》)，又说"礼者，法之大分，类之纲纪也"(《劝学》)，"法者，治之端也"(《君道》)。把礼和法同样作为治理国家的根本措施，作为判断是非曲直的准绳，他说"隆礼至法而国有常"(《君道》)。在当时战乱迭起的历史条件下，这种礼法兼重的主张无疑是有进步意义的。

三、在人才选拔和使用上的任人唯贤论。荀子认为，任人唯亲会导致国家灭亡，只有"不恤亲疏"、"不恤贵贱"，"唯诚能之求"，才能加强中央集权，实现"一天下"的政治理想。他强调要"贤能不待次而举"、破格提拔人才，他认为即使王公大夫的子孙，如果违反封建礼法，也要"归之庶人"；而庶人之子孙能守礼义、"积文学"的，就应提拔为"卿相士大夫"。这些都代表了新兴地主阶级的意愿，在今天仍具有重要的意义。

荀子在历史上最突出的贡献，是他对古代朴素唯物主义思想的发展，而自然观又正是他唯物主义思想中最为光辉的方面。《天论》篇集中反映了荀子对天道、天、人、社会关系的认识，充满了昂扬向上的活力和生气。

先秦诸子对天的看法各不相同。孔子对天命往往采取回避的态度，但他的弟子子夏说过“死生有命，富贵在天”的话；他自己也说“获罪于天，无所祷也”（《论语》），这就肯定了天命的存在。老子认为天产生于道，而所谓道，却是一个唯心主义的虚构；他抹煞天道与人事的区别，要人们消极无为，也有浓重的神秘主义倾向。墨子公然相信天命、主张“明鬼”，就更带有宗教唯心主义色彩。而荀子则能从生活、哲学上去比较正确地认识自然现象，对天和天人关系都积极地进行了有益的探讨，从而把先秦唯物主义思想提高到一个新高度。荀子认为，天地万物是唯一实在的物质世界，各种事物都处于这个物质世界中。“万物为道一偏，一物为万物一偏”（《天论》）。而自然界的变化也是自然物内部对立的阴阳二气相互作用的结果，“天地合而万物生，阴阳接而变化起”（《礼论》）。荀子认为，自然万物的运行是有规律的，《天论》开篇就说“天行有常，不为尧存，不为桀亡”，它有自己产生、运动、发展的规律，所有那些日月星辰、阴阳四时等现象的出现，都是随自然规律的运行而产生的正常现象。荀子还提出了“明于天人之分，则可谓至人”的观点，把天与人相分离，指明两者并无任何联系。如果人们加强生产，节约开支，天也不能使人贫穷；如果荒废了农业生产，而又奢侈浪费，天也不能使人富裕。不仅人的祸福吉凶与天无关，而且社会的治乱、国家的兴废，也同样与天无关。荀子这种天人相分论，第一次从理论上把人与神、自然与社会区分开来，是对天命迷信的有力批判。荀子认为“天地之变”可怪而不可畏。他对“木鸣”、“星坠”等异常现象虽然不能作出具体的科学解释，但他指出这是“天地之变，阴阳之化，物之罕至者也。怪之，可也，而畏之，非也”（《天论》）。荀子反对关于鬼神的迷信心理，承认祭祀、卜筮等宗教仪式可以作为一种文饰工具而存在；荀子反对相人相术，“长短、大小、善恶、形相，非吉凶也”(《非相》)，这些看法都是具有积极意义的。荀子还注意发挥人的主观能动性，对此他有一段著名的论述：“大天而思之，孰与物畜而制之！从天而颂之，孰与制天命而用之！望时而待之，孰与应时而使之！因物而多之，孰与骋能而化之！思物而物之，孰与理物而失之也！”(《天论》)表现了人定胜天的气魄。

荀子的这些思想在历史上产生了深远影响。东汉王充关于“天地合气，万物自来”、“夫天道，自然也”的唯物思想(《论衡·自然篇》)；唐柳宗元“功者自功，祸者自祸”的见解(见《天说》)，以及刘禹锡“天与人交相胜”的思想，都与荀子的自然观有密切联系。

荀子反对人们思想上的“蔽于一曲”(《解蔽》)，坚持了朴素的唯物主义认识论。我国古代学者对于认识来源的问题，多侧重于主体认识方面的研究，强调心性修养。而荀子则明确指出：“凡以知，人之性也；可以知，物之理也。”(《解蔽》)既肯定了人具有认识客观事物的能力，又承认客观事物是可以认识的。他认为人体五官与外物接触，所获得的感受是不同的，也是不能互相代替的。“耳、目、鼻、口、形能各有接而不相能也”(《天论》)，因此每一感官对事物的感知都具有局限性，即有片面性和表面性，荀子称之为“蔽”。《解蔽》篇多方面探讨了如何达到认识上全面透彻、没有偏蔽的思想境界。其中，特别强调要发挥“心”的“征知”作用，“壹虚而静”，以便透过现象，力求全面、本质地认识事物。

在人性论方面，荀子针对孟子的“性善”论，提出“性恶”的反命题。荀子从人们“生而有耳目之欲”的生理要求出发，认为人的本性是恶的，善良是后天人为的表现。“好利”、“疾（嫉）恶”、“好声色”都属于“人之性恶”。荀子把后天养成的品行叫做“伪”，即经过“心”的思考，人们按照这种思考去做的能动行为，“可学而能，可事而成之在人者，谓之伪”，“心虑而能为之动谓之伪；虑积焉，能习焉而后成谓之伪”（《正名》）。荀子主张性恶论，目的在于强调后天教育的必要性，强调人应当以主观的努力去改造自己的自然本性。他认为人的本性都是恶的，但经过“师法之化”、“礼义之道”，就能去恶向善，养成善良的品行。“涂之人可以为禹”，这是有进步意义的论断，“是他的学说的极有光辉的地方”（郭沫若《荀子的批判》）。荀子主张“化性起伪”，却并不是要人们寡欲、去欲，而是强调人的自然性与社会性都得到均衡的发展，“欲必不穷于物，物必不屈于欲，两者相持而长”（《礼论》）。我们可以说，性恶论既是荀子哲学思想的重要组成部分，也是他教育思想的理论基础。

荀子是我国战国时期的著名教育家，长期从事教育事业，直到晚年也未停止教学生涯，因此形成了较为系统的教育理论和教学原则。

在教学内容上，荀子说：“学何乎始？恶乎终？曰：其数则始乎诵经，终乎读《礼》，其义则始乎为士，终乎为圣人。”（《劝学》）在他看来，儒家经典著作是教学的主要内容，培养为整个社会效力的圣人君子是教学的根本目的。如何才能达到这一目标？荀子提出了“学莫便乎近其人”的观点，认为“学之经莫速乎好其人”，除了书本知识外，良师益友的言传身教也是不容忽视的，“有师法者，人之大宝也；无师法者，人之大殃也”（《儒效》）。既有书本知识，又注重师法之化，这还不够，还要追求全粹之美的境界，“全之尽之，然后学者也”。要求人们对学问的爱好，就像眼睛爱看各种色彩，耳朵爱听各种美声，嘴巴爱吃各种美味一样，坚定不移，这就叫做“德操”。“德操然后能定，能定然后能应，能定能应，夫是之谓成人。”（《劝学》）这既是荀子对君子之学的最高要求，也是荀子教育观的主要内容。培养以治天下为己任、坚定不移、德操高尚、才智出众的人才，为治国安邦统一天下服务，是荀子的教育目标。

为了达到这一目标，荀子还规定了许多教学原则和方法。首先，强调“知行合一”，重视实践。他说：“道虽迩，不行不至；事虽小，不为不成；”（《修身》）“不闻不若闻之，闻之不若见之，见之不若知之，知之不若行之。学至于行之而止矣。”（《儒效》）发挥“善假于物”的主动性，是他的又一个重要的教学原则，“君子生非异也，善假于物也”（《劝学》）。善于利用工具和条件，善于利用和吸收前人成果，善于借助良师益友的帮助，这对于学生来说无疑是极为重要的，可以收到事半功倍的效果。荀子还认为，要想获得真正的知识，就要专心一意，持之以恒。“虚壹而静”的“解蔽”方法，是荀子的认识论，也是荀子的治学方法，他曾用蚯蚓和螃蟹加以对比，又用了“目不能两视而明，耳不能两听而聪；螣蛇无足而飞，鼫鼠五技而穷”（《劝学》）等一串比喻，说明君子应该“结于一”的道理。荀子的教育理论和主张，既深刻精辟，又浅显明白，对我们今天的教学工作仍有很高的借鉴价值。

《荀子》同其他诸子散文一样，在中国文学史上占有显著的地位。《劝学》、《儒效》、《非十二子》、《天论》、《性恶》、

《解蔽》、《议兵》等篇都充分显示了荀子散文的特点和成就，内容精深宏富，逻辑严密，善用比喻，长于推理，使内在的思想感情与外在的表现形式相一致，“文貌情用，相为内外表里”（《大略》）。荀子曾提出“君子必辩”的观点（《非相》），他说：“君子之言，涉然而精，俛然而类，差差然而齐。彼正其名，当其辞，以务白其志义也。”（《正名》）《荀子》一书，正体现了他这一观点。荀子长于论辩，每谈一个问题，必定淋漓发挥，篇幅宏富，语言应用深刻而精确，说理中肯而条理清晰。另外，“博喻”也是《荀子》散文在表现手法上的一大特色。善用比喻，深入浅出，既使抽象的说理变得实在可信，又使文章增加了气势，让人应接不暇，回味无穷。如《劝学》的前半部分，几乎全用譬喻重叠构成，并层层深入，富有逻辑力量。《荀子》书中有一篇《赋》，包括“礼”、“知”、“云”、“蚕”、“箴”五首小赋，篇末附有《诡诗》。这些赋以四言韵语为主，骈散错落，说理朴实而形象。这是后汉咏物小赋的先导。而“赋”的定名成为文学的一体，也从荀赋开始。《成相》篇是用北方的民间乐曲谱写的歌辞，七字为句，多用韵语，显示了荀子注重吸收民间文学养料，革新旧形式，创造自己独特风格的精神。《成相》对后来的“七言诗”有直接影响，这也是荀子对文学史所作的贡献之一。

《荀子》一书，现在通行的是卢文弨校勘的嘉善谢氏刻本，又有黎庶昌在日本得到的宋台州刻本。王先谦更采取王念孙、俞樾诸家的校释，成《荀子集解》。梁启雄复用《荀子集解》为底本，并增加了王懋竑、王绍兰、孙诒让、陶鸿庆、刘师培、杨树达、高亨，以及日本人久保爱、猪饲彦博等二十多家的校释，汰芜摭精，而成《荀子简释》，颇便于阅览。今《选译》以《简释》本为底本，一般不再作校勘，偶有删改者，都在注文中加以说明。注释多很简略，译文中已较明确的就不再作注，引用各家说法，一般也不再注明。本书选文，除两篇节译外，均为全译。

雪　克（浙江大学古籍研究所）
王云路（浙江大学人文学院）

劝 学

本文比较全面地阐述了荀况的教育思想。其基本观点是:人的认识和才干不是天生的,而是通过后天的学习、教育和环境影响取得的,是"善假于物"的结果,强调了学习的重要性;在教学内容方面,把儒家的《诗》、《书》、《礼》、《乐》、《春秋》作为主要科目;在学习方法上,主张领会要旨,反对死记硬背,提倡"锲而不舍"、"用心一也"的精神;并提出了"青,取之于蓝而青于蓝"、后来居上的观点;以及强调"隆礼"、主张亲近贤师良友,等等。这些教育理论和教学原则,直到今天对我们仍是很有借鉴意义的。

君子曰:学不可以已。青,取之于蓝①,而青于蓝;冰,水为之,而寒于水。木直中绳,輮以为轮②,其曲中规;虽有槁暴③,不复挺者,輮使之然也。故木受绳则直,金就砺则利,君子博学而日参省乎己,则知明而行无过矣。

故不登高山,不知天之高也;不临深溪,不知地之厚也;不闻先王之遗言,不知学问之大也。干、越、夷、貉之子④，生而同声，长而异俗，教使之然也。《诗》曰："嗟尔君子，无恒安息。靖共尔位，好是正直。神之听之，介尔景福⑤。"神莫大于化道，福莫长于无祸。

吾尝终日而思矣，不如须臾之所学也；吾尝跂而望矣⑥，不如登高之博见也。登高而招，臂非加长也，而见者远；顺风而呼，声非加疾也，而闻者彰。假舆马者⑦，非利足也，而致千里；假舟楫者，非能水也，而绝江河⑧。君子生非异也⑨，善假于物也。

【注释】

① 蓝：草名。② 輮：通"煣"。用火烘木，使它弯曲。③ 槁（gǎo）：枯干。暴（pù）：晒。④ 干：春秋时国名，后被吴国并吞，这里即指吴国。夷：东夷。貉（mò）：北方族名。"夷、貉"都是含有卑意的称名。⑤《诗》：指《诗经·小雅·小明》。靖：安。介：帮助。景：大。⑥ 跂（qǐ）：踮起脚跟。⑦ 假：凭借。⑧ 绝：渡。⑨ 生：通"性"。

南方有鸟焉，名曰蒙鸠，以羽为巢，而编之以发，系之苇苕①。风至苕折，卵破子死。巢非不完也，所系者然也。西方有木焉，名曰射干②，茎长四寸，生于高山之上，而临百仞之渊。木茎非能长也，所立者然也。蓬生麻中，不扶而直；白沙在涅③，与之俱黑。兰槐之根是为芷④，其渐之滫⑤，君子不近，庶人不服。其质非不美也，所渐者然也。故君子居必择乡，游必就士，所以防邪僻而近中正也。

物类之起，必有所始。荣辱之来，必象其德。肉腐出虫，鱼枯生蠹[6]。怠慢忘身，祸灾乃作。强自取柱[7]，柔自取束，邪秽在身，怨之所构。施薪若一，火就燥也；平地若一，水就湿也。草木畴生[8]，禽兽群焉，物各从其类也。是故质的张而弓矢至焉[9]，林木茂而斧斤至焉[10]，树成荫而众鸟息焉，醯酸而蜹聚焉[11]。故言有召祸也，行有招辱也，君子慎其所立乎！

【注释】

① 苇苕（tiáo）：芦苇的嫩条。② 射（yè）干：一种植物名。③ 涅（niè）：黑泥。④ 兰槐：香草名。它的根称为“芷”（zhǐ）。⑤ 滫（xiū）：臭水。⑥ 蠹（dù）：蛀虫。⑦ 柱：通“祝”，折断。⑧ 畴：通“俦”，类，同。⑨ 质：箭靶。的（dì）：箭靶的中心。⑩ 斤：斧子。⑪ 醯（xī）：醋。蜹（ruì）：一种蚊虫。

积土成山，风雨兴焉；积水成渊，蛟龙生焉；积善成德，而神明自得，圣心备焉。故不积跬步[1]，无以至千里；不积小流，无以成江海。骐骥一跃，不能十步；驽马十驾[2]，功在不舍。锲而舍之[3]，朽木不折；锲而不舍，金石可镂。蚓无爪牙之利，筋骨之强，上食埃土，下饮黄泉，用心一也。蟹六跪而二螯[4]，非蛇蟺之穴无可寄托者[5]，用心躁也。是故无冥冥之志者，无昭昭之明；无惛惛之事者，无赫赫之功。行衢道者不至[6]，事两君者不容。目不能两视而明，耳不能两听而聪。螣蛇无足而飞⑦，鼫鼠五技而穷⑧。《诗》曰：“尸鸠在桑，其子七兮。淑人君子，其仪一兮。其仪一兮，心如结兮⑨。”故君子结于一也。

【注释】

① 跬（kuǐ）步：古时候半步，即今之迈出一只脚。② 十驾：指十天所行的路程。驾车之马一日所行称“一驾”。③ 锲（qiè）：刻。④ 六：当为“八”的错字。跪：指足。螯（áo）：即蟹首上开合如钳的两只步脚。⑤ 蟺（shàn）：同“鳝”。⑥ 衢（qú）道：指歧路。⑦ 螣（téng）蛇：传说中一种能飞的蛇。⑧ 鼫（shí）鼠：形状象兔。相传它能飞但不能上屋，能爬树但不能爬到顶，能游泳但不能渡山涧，能挖洞穴但不能藏身，能走但不能领先。所以说“五技而穷”。⑨《诗》：指《诗经·曹风·尸鸠》。

昔者瓠巴鼓瑟而沈鱼出听①，伯牙鼓琴而六马仰秣②。故声无小而不闻，行无隐而不形。玉在山而草木润，渊生珠而崖不枯。为善不积邪，安有不闻者乎！

学恶乎始？恶乎终③？曰：其数则始乎诵经④，终乎读《礼》；其义则始乎为士⑤，终乎为圣人。真积力久则入⑥，学至乎没而后止也⑦。故学数有终，若其义则不可须臾舍也。为之，人也；舍之，禽兽也。故《书》者⑧，政事之纪也；《诗》者⑨，中声之所止也；《礼》者⑩，法之大分⑪，类之纲纪也⑫。故学至乎《礼》而止矣。夫是之谓道德之极。《礼》之敬文也，

《乐》之中和也[13]，《诗》、《书》之博也，《春秋》之微也[14]，在天地之间者毕矣[15]。

【注释】

① 瓠(hù)巴：古代善于弹瑟的人。《列子·汤问》篇说他鼓琴时鸟舞鱼跃。② 伯牙：古代善弹琴的人。《吕氏春秋·本味》篇说钟子期懂得伯牙的琴音，后钟子期死，伯牙破琴绝弦，终身不再弹琴，以为世上再没有知音了。六马：这里泛指一般马。古时天子以六马驾车。秣：饲料。③ 恶(wū)：何，怎么。④ 数：指顺序，步骤。⑤ 义：指学习的目的和意义。⑥ 真积：诚心积累。力久：力行而持久。⑦ 没：通"殁"，死。⑧ 书：《尚书》，一名《书经》。⑨ 诗：《诗经》。⑩ 礼：《礼经》，当指《仪礼》。⑪ 大分：要领的意思。⑫ 类：类属，指法令条例等。⑬ 乐：指《乐经》，已亡。⑭《春秋》：春秋时鲁国史书，相传为孔子所作。⑮ 毕：完备。句意是以上几部典籍已把天地间大事全部包括无遗了。

君子之学也，入乎耳，箸乎心[1]，布乎四体，形乎动静。端而言[2]，蝡而动[3]，一可以为法则。小人之学也，入乎耳，出乎口。口耳之间则四寸耳，曷足以美七尺之躯哉！古之学者为己，今之学者为人。君子之学也，以美其身；小人之学也，以为禽犊[4]。故不问而告谓之傲，问一而告二谓之囋[5]。傲，非也；囋，非也；君子如向矣[6]。

学莫便乎近其人。《礼》、《乐》法而不说，

《诗》、《书》故而不切[7]，《春秋》约而不速。方其人之习君子之说[8]，则尊以遍矣，周于世矣！故曰：学莫便乎近其人。

【注释】

① 箸：通“贮”，存。② 端：通“喘”，微言。③ 蝡(rú)：同“蠕”。④ 禽犊：家禽和小牛。⑤ 傲：通“躁”。囋(zàn)：语声嘈杂。⑥ 向：同“响”。⑦ 故：旧，久远。⑧ 方：通“仿”，仿效。

学之经莫速乎好其人[1]，隆礼次之[2]。上不能好其人，下不能隆礼，安特将学杂志、顺《诗》、《书》而已耳[3]！则末世穷年，不免为陋儒而已！将原先王，本仁义，则礼正其经纬蹊径也。若挈裘领，诎五指而顿之[4]，顺者不可胜数也。不道礼宪，以《诗》、《书》为之，譬之犹以指测河也，以戈舂黍也[5]，以锥飡壶也[6]，不可以得之矣。故隆礼，虽未明，法士也；不隆礼，虽察辩，散儒也[7]。

【注释】

① 经：通“径”。② 隆：尊崇。③ 安：《荀子》一书通以“安”、“案”为语词，作“于是”或“则”解。“学杂志”原文作“学杂识志”，依王引之说改。④ 诎：通“屈”。顿：整理。⑤ 戈：古代的一种兵器。⑥ 飡：同“餐”。壶：古代盛食物的器具，这里用指食品。⑦ 散儒：指不守礼法约束的儒生。

问楛者①，勿告也。告楛者，勿问也。说楛者，勿听也。有争气者，勿与辩也。故必由其道至，然后接之，非其道则避之。故礼恭而后可与言道之方②，辞顺而后可与言道之理，色从而后可与言道之致。故未可与言而言谓之傲③，可与言而不言谓之隐，不观气色而言谓之瞽④。故君子不傲、不隐、不瞽，谨顺其身。《诗》曰⑤：“匪交匪舒⑥，天子所予。”此之谓也。

百发失一，不足谓善射；千里跬步不至，不足为善御；伦类不通，仁义不一，不足为善学。学也者，固学一之也。一出焉，一入焉，涂巷之人也⑦。其善者少，不善者多，桀、纣、盗跖也⑧。全之尽之，然后学者也。

【注释】

① 楛(kǔ)：粗恶不精。② 方：方向，引申为准则的意思。③ 傲：与“躁”同意，急躁。④ 瞽(gǔ)：瞎子。⑤《诗》：指《诗经·小雅·采菽》。⑥ 匪：通“非”。交：急切。⑦ 涂巷之人：指普通人。涂，道路。⑧ 桀：夏朝最末一个君主，被商汤所败。纣：商朝最末一个君主。跖(zhí)：相传春秋末期的大盗。

君子知夫不全不粹之不足以为美也，故诵数以贯之，思索以通之，为其人以处之，除其害者以持养之。使目非是无欲见也，使耳非是无欲闻也，使口非是无欲言也，使心非是无欲虑也。乃至其致好之也，目好之五色，耳好之五声，口好之五味，心利之有天下。是故权利不能倾也，群众不能移也，天下不能荡也[1]。生乎由是，死乎由是，夫是之谓德操。德操然后能定，能定然后能应。能定能应，夫是之谓成人。天见其明，地见其光[2]，君子贵其全也。

【注释】

① 荡：动。② 光：通“广”。

【翻译】

君子说：学习是不可以停止的。譬如青颜料是从蓝草中提取的，却比蓝草的颜色更深；冰是由水凝结成的，却比水更冷。木材很直，符合墨线的标准，经过加工可以做成车轮，它的弯曲程度能和圆规相合，即使经过曝晒，它也不能再伸直了，这是由于加工使它变成这样的。所以木头用墨线量过就能削得笔直，刀剑在磨石上磨过就会锋利。君子有了渊博的学识，并且每天多次检查自己，那么他就会变得聪明，行动也不会有过失了。

所以不登上高山，就不知天有多高，不临近深谷，就不知地有多厚，没听到过先王的遗言，就不知道学问有多么博大。干、越、夷、貉等不同地方的人，出生时的哭声一样，长大后风俗习惯却不同了，这是后天教养不同的结果。《诗经》上说：“你这个君子啊，不要老是想着安逸，安于你的职位吧，爱好正直的品行。神会了解你啊，给你极大的幸福。”接受道的教化是精神的最高境界，没有祸患是人生的最大幸福。

我曾经整天冥思苦想，却不如学习片刻收获大，我曾经踮着脚往远处看，却不如登高看得广阔。登上高处招手，手臂没有加长，但远处的人都能看到；顺着风呼喊，声音没有增大，但别人却能听得清楚。乘车马的人，并不是他善于走路，却能行至千里；坐船的人，并不是他善于游泳，却能横渡江河。君子本性和一般人并没有什么不同，只是善于借助外物罢了。

南方有种鸟名叫蒙鸠，它拿羽毛作巢，又用毛发把巢编系在嫩苇条上。一阵风吹来，苇条断了，结果鸟蛋摔破，雏鸟也摔死了。鸟巢并不是不完善，而是因为悬系的地方不合适。西方有种草，名叫射干，茎长只有四寸，生在高山顶上，下临百丈深渊。草茎没有变长，而是所处的位置使它显得高了。蓬草生在麻中，不用扶持就自然挺直；白沙落在黑泥里，就和黑泥一样黑了。兰槐的根就是有香气的白芷，把它浸在臭水里，君子就不接近它，老百姓也不佩戴它了。它的本质并不是不美，而是被臭水泡坏了。所以君子居住必定要选择乡里，游学必定要结交贤人，为的是防止沾染上邪恶的品行而能够接近正道。

事物的发生，必定有它的起因；荣辱的到来，必定和人的德行相称。肉腐烂就会生蛆，鱼坏了就会生虫。懒惰轻率，忘乎所以，灾祸就会发生，刚强的东西自然容易断折，柔弱的东西自然容易受约束。一个人行为邪恶污秽，怨恨就会聚集到他身上。柴草同样放着，火总是从干柴烧起；地面一样平整，水总是流向低湿处。草木喜欢丛生，禽兽愿意群居，万物都是各归其本类的。所以箭靶子摆出来，弓箭就会射向那里；林木茂盛，斧头就会砍向那里；绿树成荫，鸟雀就会棲息在那里；醋酸了，蚊子就会聚集到那里。

所以说话有时会召来祸患，做事有时会招来耻辱，君子应该谨慎自己的言行啊！

积土成为高山，风雨就从那里兴起，积水成为深渊，蛟龙就在那里长成；一个人积累善行、养成高尚品德，就能达到高度的智慧，具备圣人的心志。所以不是一步一步地积累起来，就不能达到千里之远，不聚积起小的水流，就没法汇成江海。骏马跳跃一次，不能超过十步，劣马跑上十天，也能跑得很远，它的功效在于坚持不懈。用刀刻东西，刻一会儿就停下，就是朽木也不能刻断，如果不停地刻，就是金石也可以刻透。蚯蚓没有锐利的爪牙，强劲的筋骨，却能上吃地面上的尘土，下饮地底的泉水，这是因为它用心专一。螃蟹虽有八条腿两只螯，但如果没有水蛇和鳝鱼的洞穴，它就无处寄居，这是因为它用心浮躁。所以没有深沉的心志，就没有显著的成就；没有埋头苦干的行动，就没有伟大的功绩。人若走入岔道，就到达不了目的地；同时侍奉两个君主，就不会被任何一方所容纳。眼睛不能同时看两处而看得分明，耳朵不能同时听两处而听得清楚。螣蛇没有脚却能飞行，鼫鼠有五种技能，却一筹莫展。《诗经》上说："布谷鸟住在桑树上，一心哺养七只小鸟。美好的君子啊，仪表举止总是很专一。举止仪表专一啊，意志才能坚定不移。"所以君子要把心志集中在一点上。

古时候，瓠巴弹瑟，游鱼都浮到水面来听；伯牙弹琴，驾车的马都仰头停食来听。所以声音无论多么微小，也没有不被听见的；行为无论多么隐蔽，也没有不显露出来的。宝玉藏在山上，草木就滋润，珍珠生在深渊里，崖岸就不会枯干。大概是没有不断地积累善行吧，如果积累了哪有不被人知道的呢？

学习从哪里开始、到哪里结束？回答是：它的步骤是从读《诗》、《书》开始，到读《礼经》结束；它的目的和意义是从作学士开始，最后成为圣人。诚心积累，功夫持久，就能深入，学习应该到死才为止啊！所以从学习的步骤说有停止，而从学习的目的和意义讲，则不能停止片刻。这样做了，就称其为人；不这样做，就如同禽兽了。所以《尚书》是记载政事的，《诗经》是汇集和谐音乐的；《礼经》是记载法律的规范和纲领的。所以学到《礼经》就达到了目的，这就是道德的顶峰。《礼经》的笃守规范，《乐经》的和谐动听，《诗经》、《尚书》的博大丰富，《春秋》的寓意隐微，天地间的一切道理都具备其中了。

君子对于学习，听进耳朵里，记在心里，表现在姿态上，反映在行动上；即使是细微的一言一行，也都可以作为别人学习的榜样。小人对于学习，听进耳朵里，说在嘴巴上。口耳之间不过四寸罢了，怎能美化这七尺之躯呢？古代学者为自己而学，现在学者为给别人看而学。君子学习是为了完善自己，小人学习是为了卖弄、讨好别人。所以别人没有发问就去告诉他，这叫做急躁；别人问一个问题却告诉他两个问题，这叫做啰嗦。急躁不对，啰嗦也不对，君子对答问题就像声音和回响相应一样。

学习的方法没有比接近好的老师更合适的了。《礼经》、《乐经》讲法度而不作详细说明，《诗经》、《尚书》记载久远之事而不切近现实，《春秋》词旨简约而不容易立即了解。仿效良师而学习君子的学说，就可以达到品格尊贵，知识全面而且通达事理的境地了。所以说，学习的方法没有比接近好的老师更合适的了。

学习的途径没有比心悦诚服良师收效更快的了，其次是尊崇礼法。上不能悦服良师，下不能尊崇礼法，那就只会学些杂乱的知识，读通《诗经》、《尚书》的文字罢了，一辈子也只能是一个浅陋儒生而已。想要效法先王，探求仁义，那么学习礼义正是必由之路，就象拎着皮衣的领子，弯曲五指加以整理，无数的皮毛就都顺了。不实践礼法，却专门空谈《诗经》、《尚书》，就象用手指测量河水的深浅，用戈去捣米，用锥子代替筷子吃饭一样，是什么也得不到的。所以，尊崇礼义，虽然心里还不明晰，仍不失为礼法之士；不尊重礼义，虽然明察善辩，也只是个不受检束的儒生。

有人问到不合礼法的事，不要告诉他。有人告诉不合礼法的事，不要追问他。有人说到不合礼法的事，不要去听他。有人凭意气来争论，不要同他辩论。一定是合乎礼法而来的，才接待他，不合礼法的就回避他。所以礼节恭敬然后可以同他谈论道的准则；言辞和顺然后才可以同他谈论道的原理；态度谦逊然后才可以同他谈论道的精华。所以不该同他谈论而谈的叫作浮躁，该同他谈论而不谈的叫作隐瞒，不看对方神情而谈的叫做盲目。所以君子不浮躁、不隐瞒、不盲目，谨慎对待自己的言行。《诗经》上说："不急躁不怠慢，这是天子所称赞。"说的就是这个意思。

射一百支箭，有一次失败，就称不上好射手；千里行程只差一步没有达到，就称不上驾车能手；礼法不明白，仁义不贯通，就称不上善于学习。学习嘛，固然要学得持久专心，一会儿学习，一会儿又不学习了，这只是普通的人。好的品行少，坏的品行多，这是桀纣、盗跖一类人。学习能既全面而又彻底，这才称得上是学者。

君子懂得学得不全面不精粹就不能算作完美，所以反复诵读使之前后联系，用心思考使之融会贯通，效法老师以达到身体力行，除掉有害的东西来培养自己的品德，使眼睛除此之外什么也不想看，使耳朵除此之外什么也不想听，使嘴巴除此之外什么也不想说，使心里除此之外什么也不想考虑。等到对学问的爱好到了顶点时，就象眼睛爱看五色，耳朵爱听五音，口爱吃五味，心追求占有天下一样，出于自然。这样就权势利禄不能动摇他，人多势众不能改变他，天下一切不能打动他。活着如此，到死时也是如此，这就叫做有德行操守。有德操然后才能坚定不移，坚定不移然后才能应付自如。既能坚定不移，又能应付自如，这就叫做完美之人。天显示它的光明，地显示它的广阔，君子的可贵在于他学识的精粹和完备。

非 相

本文有三个主要观点和内容：首先批判相人之术。指出相术是骗人的，有学问的人是不信这一套的。文中列举大量古代人物实例证明人的善恶吉凶不是由相貌决定的，而是由人的所作所为决定的，提出了“相形不如论心，论心不如择术”的观点，所谓“非相”，即非难、批判相术的意思。中间部分批判孟子“法先王”的主张，提出了“法后王”的观点。荀子所说的后王，是指新兴地主阶级的英明的君王，他认为那种“舍后王而道上古”的作法就象是“舍己之君而事人之君”一样。“法后王”是荀子的一个重要思想，被韩非、李斯等人进一步发展，值得重视与研究。最后论述了“君子必辩”的主张，强调了辩论的必要性，并对辩论的方法作了介绍和说明，这也是战国时期百家争鸣风气的一种反映。

相人，古之人无有也，学者不道也。

古者有姑布子卿①，今之世梁有唐举②，相人之形状、颜色而知其吉凶、妖祥③，世俗称之。古之人无有

也，学者不道也。

故相形不如论心[4]，论心不如择术[5]，形不胜心，心不胜术。术正而心顺之，则形相虽恶而心术善，无害为君子也。形相虽善而心术恶，无害为小人也。君子之谓吉，小人之谓凶。故长短、小大、善恶形相，非吉凶也。古之人无有也，学者不道也。

【注释】

① 姑布子卿：姓姑布，字子卿，春秋时郑国看相的人。② 唐举：战国时梁国看相的人。③ 妖祥：指凶兆和吉兆。④ 形：人的容貌、体态。⑤ 术：道，这里指人的行为。

盖帝尧长帝舜短[1]；文王长周公短[2]；仲尼长子弓短[3]。昔者，卫灵公有臣曰公孙吕[4]，身长七尺，面长三尺，焉广三寸[5]，鼻目耳具，而名动天下。楚之孙叔敖[6]，期思之鄙人也[7]，突秃长左，轩较之下[8]，而以楚霸。叶公子高[9]，微小短瘠，行若将不胜其衣然。白公之乱也[10]，令尹子西、司马子期皆死焉[11]；叶公子高入据楚，诛白公，定楚国，如反手尔，仁义功名善于后世。故事不揣长[12]，不揳大[13]，不权轻重，亦将志乎尔[14]，长短、大小、美恶形相，岂论也哉！

【注释】

① 尧、舜：传说中古代部落联盟的首领。② 文王：即周文王。周公：周文王的儿子，周武王的弟弟。③ 仲尼：即

孔丘。子弓：孔子弟子（参见《非十二子》注）。④ 卫灵公：春秋时卫国国君。公孙吕：事迹不详。⑤ 焉：通“颜”。⑥ 孙叔敖：春秋时楚庄王的宰相。⑦ 期思：楚国邑名。鄙人：郊野之人。⑧ 较：通“角”。轩较：指额隆起。⑨ 叶（旧读 shè）公子高：名诸梁，字子高。楚大夫沈尹戍的儿子，被封在叶地，所以称叶公。⑩ 白公：名胜，楚太子建的儿子，楚平王的孙子。白公之乱，事见《左传·哀公十六年》。⑪ 令尹、司马：古代主管政事、军事的最高长官。子西：公子申；子期：公子结。两人都是楚平王的儿子。⑫ 事：通“士”。⑬ 挈：通“絜”，约计。⑭ 志乎尔：志气如何。

且徐偃王之状[①]，目可瞻焉；仲尼之状，面如蒙倛[②]；周公之状，身如断菑[③]；皋陶之状[④]，色如削瓜；闳夭之状[⑤]，面无见肤；傅说之状[⑥]，身如植鳍[⑦]；伊尹之状[⑧]，面无须麋[⑨]。禹跳、汤偏[⑩]，尧舜参牟子[⑪]。从者将论志意，比类文学邪？直将差长短，辨美恶，而相欺傲邪？

【注释】

① 徐偃（yǎn）王：西周穆王时徐国的君主。② 蒙倛：古时驱鬼用的一种样子凶狠的假面具。③ 菑（zī）：直立的枯木。④ 皋陶（yáo）：相传是舜时掌握刑法的官。⑤ 闳（hóng）夭：周文王的大臣。⑥ 傅说（yuè）：商王武丁的大臣。⑦ 植鳍（qí）：象长了鱼鳍一样。指驼背。⑧ 伊尹：商汤王的大臣。⑨ 须：后来写作“鬚”。麋：通“眉”。⑩ 禹：传说中古代

部落联盟的首领。汤：商朝的建立者。⑪ 牟：通“眸”，眼珠，这里指瞳人。

古者，桀、纣长巨姣美，天下之杰也；筋力越劲[①]，百人之敌也。然而身死国亡，为天下大僇[②]，后世言恶，则必稽焉[③]。是非容貌之患也，闻见之不众，论议之卑尔！

今世俗之乱民[④]，乡曲之儇子[⑤]，莫不美丽、姚冶[⑥]，奇衣、妇饰，血气、态度拟于女子；妇人莫不愿得以为夫，处女莫不愿得以为士，弃其亲家而欲奔之者，比肩并起。然而中君羞以为臣[⑦]，中父羞以为子，中兄羞以为弟，中人羞以为友。俄则束乎有司而戮乎大市[⑧]，莫不呼天啼哭，苦伤其今，而后悔其始。是非容貌之患也，闻见之不众，论议之卑尔！然则从者将孰可也？

【注释】

① 越劲：敏捷有力。② 僇：通“戮”，羞辱。③ 稽（jī）：考核。④ 乱民：原作“乱君”。⑤ 儇（xuān）子：轻薄巧慧的男子。⑥ 姚冶：妖艳的意思。⑦ 中：中等，一般的。下三句同。⑧ 俄：不久。束：捆绑，指被捕。

人有三不祥：幼而不肯事长，贱而不肯事贵，不肖而不肯事贤，是人之三不祥也。人有三必穷：为上则不能爱下，为下则好非其上，是人之一必穷也；乡则不若①，偝则谩之②，是人之二必穷也；知行浅薄，曲直有以相县矣③，然而仁人不能推，知士不能明，是人之三必穷也。人有此三数行者，以为上则必危，为下则必灭。《诗》曰④：“雨雪瀌瀌⑤，宴然聿消。莫肯下隧，式居屡骄⑥。”此之谓也。

【注释】

① 乡：通“向”。② 偝：同“背”。谩（màn）：诋毁。③ 有：通“又”。县：后来写作“悬”。④《诗》：指《诗经·小雅·角弓》。⑤ 瀌瀌（biāo）：雪飘的样子。⑥ 式：语助词。

人之所以为人者，何已也①？曰：以其有辨也②。饥而欲食，寒而欲暖，劳而欲息，好利而恶害，是人之所生而有也，是无待而然者也，是禹、桀之所同也。然则人之所以为人者，非特以二足而无毛也，以其有辨也。今夫狌狌形笑亦二足而毛也③，然而君子啜其羹④，食其胾⑤。故人之所以为人者，非特以其二足而无毛也，以其有辨也。夫禽兽有父子而无父子之亲，有牝牡而无男女之别⑥。故人道莫不有辨。

【注释】

① 已：同“以”。② 辨：区别。③ 狌狌：即猩猩。笑：疑为“肖”字之误。④ 啜（chuò）：喝。⑤ 胾（zì）：大块肉。⑥ 牝牡（pìn mǔ）：雌雄。

辨莫大于分，分莫大于礼，礼莫大于圣王。圣王有百，吾孰法焉？故曰：文久而息，节族久而绝[1]，守法数之有司极礼而褫[2]。故曰：欲观圣王之迹，则于其粲然者矣[3]，后王是也[4]。彼后王者，天下之君也。舍后王而道上古，譬之是犹舍己之君而事人之君也。故曰：欲观千岁，则数今日；欲知亿万，则审一二；欲知上世，则审周道[5]；欲知周道，则审其人所贵君子。故曰：以近知远，以一知万，以微知明。此之谓也。

夫妄人曰："古今异情，其所以治乱者异道。"而众人惑焉。彼众人者，愚而无说，陋而无度者也。其所见焉，犹可欺也，而况于千世之传也！妄人者，门庭之间，犹诬欺也，而况于千世之上乎！

【注释】

① 节族：音乐的节奏。族，通"奏"。② 极礼："礼"字疑衍。褫（chǐ）：革除、废弛。③ 粲然：清楚、显明。④ 后王：指近时的、当时的君主。⑤ 周道：完备的道理，指可供当世普遍实行之道。

圣人何以不可欺？曰：圣人者，以己度者也[1]。故以人度人，以情度情，以类度类，以说度功，以道观尽[2]，古今一也。类不悖，虽久同理，故乡乎邪曲而不迷[3]，观乎杂物而不惑，以此度之，五帝之外无传人[4]，非无贤人也，久故也。五帝之中无传政，非无善政也，久故也。禹、汤有传政而不若周之察也，非无善政也，久故也。传者久则论略，近则论详；略则举大[5]，详则举小[6]。愚者闻其略而不知其详，闻其细而不知其大也。是以文久而灭，节族久而绝。

【注释】

①以己度者也：以自己的体察测度事物。②尽：指所有事物。③乡：通“向”。④五帝：传说中的黄帝、颛顼（zhuān xū）、帝喾（kù）、唐尧、虞舜。⑤大：指大端，概况。⑥小：指细节。

凡言不合先王，不顺礼义，谓之奸言，虽辩，君子不听。法先王，顺礼义，党学者[1]，然而不好言，不乐言，则必非诚士也。故君子之于言也，志好之，行安之，乐言之。故君子必辩。凡人莫不好言其所善，而君子为甚。故赠人以言，重于金石珠玉；观人以言，美于黼黻文章[2]；听人以言，乐于钟鼓琴瑟。故君子之于言无厌。鄙夫反是，好其实不恤其文，是以终身不免埤汙、佣俗[3]。故《易》曰[4]：“括囊，无咎无誉。”腐儒之谓也。

凡说之难：以至高遇至卑，以至治接至乱。未可直至也，远举则病缪[5]，近世则病佣。善者于是闲也，亦必远举而不缪，近世而不佣，与时迁徙，与世偃仰，缓急、嬴绌[6]，府然若渠匽、檃栝之于己也[7]，曲得所谓焉，然而不折伤。

【注释】

① 党:亲近。② 黼黻(fǔ fú):古代礼服上所绣花纹。③ 埤:通“卑”。佣:通“庸”。④《易》:指《周易·坤·六四》爻辞。⑤ 缪:同“谬”。⑥ 嬴:通“赢”,盈余。绌(chù):屈,不足。⑦ 匽:通“堰”。檃栝(yǐn kuò):矫正曲木的工具。

故君子之度己则以绳,接人则用抴[①]。度己以绳,故足以为天下法则矣;接人用抴,故能宽容,因求以成天下之大事矣。故君子贤而能容罢,知而能容愚,博而能容浅,粹而能容杂,夫是之谓兼术。《诗》曰:“徐方既同,天子之功[②]。”此之谓也。

谈说之术:矜庄以莅之[③],端诚以处之,坚强以持之,譬称以喻之,分别以明之,欣驩、芬芗以送之[④],宝之,珍之,贵之,神之,如是则说常无不受;虽不说人[⑤],人莫不贵,夫是之谓能贵其所贵。传曰:“唯君子为能贵其所贵。”此之谓也。

君子必辩。凡人莫不好言其所善,而君子为甚焉。是以小人辩言险,而君子辩言仁也。言而非仁之中也,则其言不若其默也,其辩不若其呐也[⑥]。言而仁之中也,则好言者上矣,不好者下也。故仁言大矣。起于上所以道于下,政令是也;起于下所以忠于上,谏救是也[⑦]。故君子之行仁也无厌。志好之,行安之,乐言之,故言君子必辩。小辩不如见端,见端不如本分[⑧]。小辩而察,见端而明,本分而理。圣人、士君子之分具矣。

有小人之辩者，有士君子之辩者，有圣人之辩者。不先虑，不早谋，发之而当，成文而类，居错迁徙⑨，应变不穷，是圣人之辩者也。先虑之，早谋之，斯须之言而足听，文而致实，博而党正⑩，是士君子之辩者也。听其言则辞辩而无统，用其身则多诈而无功，上不足以顺明王，下不足以和齐百姓；然而口舌之均，噡唯则节⑪，足以为奇伟、偃却之属⑫；夫是之谓奸人之雄。圣王起，所以先诛也，然后盗贼次之。盗贼得变，此不得变也。

【注释】

① 拙：同"楫"(jí)。②《诗》：指《诗经·大雅·常武》。③ 莅(lì)：同"涖"，临。④ 驩：同"欢"。芬芗(xiāng)：和悦。⑤ 说：通"悦"，喜悦。⑥ 呐：同"讷"，说话迟钝。⑦ 谏：原误作"谋"。⑧"本分"上原衍一"见"字。⑨ 居错：停留、停止。迁徙：行动。居错迁徙泛指一切行动变化。⑩ 党正：接近正道。⑪ 噡：同"谵"，多言。唯：少言。⑫ 奇伟：夸大。偃却：偃蹇(jiǎn)，高傲自大。

【翻译】

看相的人，古代贤人没有干这个的，学者是不谈论这个的。

古时有个姑布子卿，现在梁国有个唐举，他们看人的形状气色就知道他的吉凶祸福，得到了世俗的称赞。古代的贤人没有干这个的，学者是不谈论这个的。

所以察看人的相貌不如讨论其思想，讨论其思想不如辨别其行为，形貌不如思想，思想不如行为。行为正确而思想又与之一致，那么相貌虽丑陋而思想行为美好，就不妨碍他成为君子；相貌虽好而思想行为丑恶，也不妨碍他成为小人。做君子就是吉，做小人就是凶。所以形体的高矮、大小，相貌的美丑，都看不出吉凶。相面，古贤人是没有干这个的，学者是不谈论这个的。

据说帝尧个子高，帝舜个子矮；文王个子高，周公个子矮；仲尼个子高，子弓个子矮。从前，卫灵公有个大臣叫公孙吕，身长七尺，脸长三尺，额头才三寸宽，鼻子、眼睛、耳朵都有，而名声传遍天下。楚国的孙叔敖，是期思这个地方的乡下人，头顶秃，左手长，额角隆起，下巴尖瘦，而使楚国称霸。叶公子高，长得矮小瘦弱，走起路来好象衣服都支撑不住，白公作乱时，令尹子西、司马子期都被杀了，而叶公子高引兵占领楚国，杀死白公，安定楚国，就象翻转手掌那样轻而易举，他的仁义功德受到后世的称赞。所以对士人不用揣测他的高矮，不用估计他的大小，不用权衡他的体重，只看他的志向如何就行了。人体形貌的长短、大小、丑俊，难道还值得一谈么？

况且徐偃王的容貌，眼睛可以看到自己额头；仲尼的容貌，脸孔象个凶狠的鬼面具；周公的形状，身子象截枯树干；皋陶的容貌，脸色好象削了皮的瓜；闳夭的形状，满脸胡须，连皮肤都看不见了；傅说的形状，弯腰驼背，象鱼上直立的刺鳍一样；伊尹的容貌，脸上连胡须和眉毛也没有；禹王腿瘸；汤王半身偏枯；尧、舜都有一只眼睛“重瞳”，所以有三个瞳人。那么，后世学者是应注重评论意志、比较学问呢？还是通过辨别高矮、分析丑俊而互相欺骗，互相看不起呢？

古时候，桀王纣王身材高大，英俊漂亮，论相貌为天下第一，筋骨强健敏捷，能够对付百来个人。然而身死国亡，被天下人耻笑，后代人凡是讲到凶恶，就一定引他们为例。这并不是容貌引起的祸患，而是他们知识浅薄，见解低下造成的。

现今世俗间的乱民，乡村里的轻薄男子，没有不打扮得漂亮、妖冶，穿着奇装异服，一身妇女的打扮，神情举止如同女子；妇女没有不愿找他作丈夫的，姑娘没有不愿找他作朋友的，抛弃亲人家庭而想同他私奔的女人到处都是。然而一般的君王都羞于以他为臣，一般的父亲都羞于有这样的儿子，一般的兄长都羞于有这样的弟弟，一般的人都羞于有这样的朋友。不久他们就被官府捆绑着在街市处死，这时他们才呼天喊地，悲痛今天的下场而悔恨当初的所作所为。这不是容貌引起的祸患，而是他们知识浅薄，见解低下造成的。那么学者是赞同相面术还是不赞同呢？

人有三种不吉祥：年幼而不肯侍奉长辈，低贱而不肯侍奉尊者，不肖而不肯侍奉贤人，这是人的三种不吉祥。人有三种必然困败：在上位却不能爱护下民，做下民却好责难上级，这是人的第一种必然困败；人家接近他，他就不和顺；人家疏远他，他又进行诋毁，这是人的第二种必然困败；智能品行浅薄，辨别是非的能力又与贤人相差甚远，却既不能推举仁人，又不能尊崇智士，这是人的第三种必然困败。人有了这几种品行，如果作君王就必然危险，如果作百姓就必然遭殃。《诗经》上说："大雪纷扬密密层层，太阳一照立刻消融。他却不肯卑下柔顺，高居上位更加骄横。"说的就是这种人。

人之所以叫做人，是因为什么呢？回答是：因为人有等级区别。饿了想吃，冷了想暖，累了想休息，喜欢利益而厌恶危害，这些都是人生下来就有的本能，是用不着学就会的，这是禹和桀的相同之处。然而人之所以叫做人，不仅仅是因为有两只脚和身上没有毛，而是因为人有等级区别。猩猩的形象很象人，也有两只脚，只是浑身有毛，然而君子吃它的肉，喝它的汤。所以人之所以叫做人，不只因为人有两只脚，身上没有毛，而是因为人有等级区别。禽兽有父子却没有父子的亲情，有雌雄却没有男女的区别，所以做人的道理全在于有等级区别。

等级区别没有比上下名分更重要的了，上下名分没有比礼法更重要的了，而礼法没有比圣王更重要的了。圣王众多，我效法谁呢？回答是：礼的仪式因时代久远而湮没，乐的节奏，因年代久远而失传，掌管法制条文的官府也不复存在了。所以说，想看圣王的功绩，就要看其中最清楚明白的，那就是后王。所谓后王，就是当代的君王。舍弃后王而追循上古之王，就如同舍弃自己的君王而侍奉人家的君王一样。所以说，想了解千年历史，就要分析现在；想知道亿万之数，就要研究一二；想知道上古，就要研究当世普遍可行的治国之道；想知道可行的治国之道，就要研究人们所尊崇的君子。所以说：由近知道远，由一知道万，由隐微知道明显，说的就是这个道理。

荒诞的人说："古今情况不同，所以用来治理国家的方法也不同。"而众人都被这话迷惑住了。那些一般人，愚笨而不会辩说，浅陋而不会判断。他们亲眼看到的事情，尚且都能被人欺骗，更何况千年的传闻呢？荒诞之人，对发生在门庭间的事，都能造谣骗人，更何况千年以前的事呢？

圣人靠什么不被欺骗？回答是：圣人是根据自己的体察来判断事物的。根据人来推断人，根据实情来推断实情，根据一类事物来推测同类事物，根据言谈来推测功业，根据道理来推测万物，这在古今都是一样的。只要事类不相背离，即使时间久远，道理也是相同的。所以面对各种邪说而不迷乱，看到纷杂的事物而不困惑，就是用这个规律来衡量的。由此看来，五帝之前没有什么人的事迹传下来，并非没有贤人，是因为时间久远而失传了；五帝之中没有谁的政绩传下来，并非没有善政，是因为年代久远而失传了；大禹、商汤有政绩流传下来，但不如周朝的政绩那样详尽清楚，并非没有善政，是因为年代久远，有些已经失传了。传说的事情，年代越久远就越简略，年代越接近就越详尽。简略了就只举事情的大要，详尽了就会列举细节。愚笨的人听到事情的大略而不知详情，听到事情的细节而不知大要。所以古礼的仪式因时间久远而湮没，古乐的节奏因年代久远而失传。

凡是言谈不符合先王旨意，不遵循礼义的就叫做奸邪之言，尽管有条理，君子也不听信。效法先王，遵循礼义，亲近学者，但不喜欢言谈，不乐于言谈，也必然不是诚信之士。君子对于正确的言论，心里喜欢它，行动安守它，又乐于宣讲它。所以君子一定要能言善辩。凡是人没有不乐于讲他喜欢的东西的，君子尤其是这样。所以以忠言赠送人，比赠送金石、珠玉更为贵重；以忠言勉励人，比给他看艳丽的文采更为美好；以忠言说给人听，比钟鼓、琴瑟的乐声更为悦耳。所以君子对于言谈是不厌其烦的。鄙陋的人正好相反，只注重说话的内容而不顾及文采，所以一辈子都免不了卑贱、庸俗。所以《易经》上说：不乐言谈的人，“就象扎着口的袋子一样，既没有过错，也没有荣誉。”说的就是这种陈腐的儒士。

大凡辩说的难处是：用最崇高的思想去开导最卑下的人，用最高的治国之道去对付最混乱的局面。这都是不能直接达到目的的。列举远古的事情则怕过于荒诞，列举近代的事情又怕流于庸俗。在这两者中间，善于言谈的人必定是讲远古而不荒诞，讲近代而不庸俗，与时间的发展相一致，和时代的要求相吻合，说话时的缓和急，多和少，都要节制，就象堤坝控制水流，木工工具矫正弯木一样，婉转地达到劝说的目的，却又不挫伤对方。

所以君子衡量自己就象木工用墨线来取直一样严格要求，对待别人就象船工用船桨接引人登船一样耐心引导。衡量自己象用墨线取直，所以足以成为天下的榜样；对待别人象用船桨接引，所以能够宽容大度，依靠众人完成天下的大事。所以君子贤能而能容纳无能的人，智慧而能容纳愚笨的人，博大而能容纳浅薄的人，精粹而能容纳杂乱的人，这就叫做兼容各种人的方法。《诗经》上说：“徐国已经归顺了，乃是天子的功劳。”说的就是这个道理。

讲话的方法是：矜持庄重，严肃诚恳地对待谈话，坚定地信守自己的观点，用比喻来解释它，用分析来说明它，说话时和颜悦色，要宝贵、珍视、尊重、神圣地对待每一句话，这样，所说的话就没有不被人接受的。虽然不一定让人高兴，别人也没有不重视的，这就叫做能够使自己所尊重的东西被人尊重。古书上说："唯有君子能使自己所尊重的东西被人尊重。"说的就是这个道理。

君子必须能言善辩。大凡人没有不愿意说自己所喜欢的事物的，而君子更是如此。小人言谈邪恶，而君子言谈仁义。说话不合于仁义，那么他说话还不如沉默，他善辩还不如迟钝；说话合于仁义，那么善讲的就是上等，不善讲的就是下等了。所以合于仁义的言谈至为重要。由上面制定出来引导下面的，就是政令；由下面说出来效忠君上的，就是谏救。所以君子行仁义是不厌倦的，心里喜欢它，行动安守它，又乐于宣讲它，所以说君子必然要能言善辩。辩论枝节不如看清头绪，看清头绪不如推溯名分之源。辩论枝节就能发现问题，看清头绪就能阐明问题，推原名分就能有条有理。这样，圣人和士君子的职分就具备了。

有小人的能言善辩，有士君子的能言善辩，有圣人的能言善辩。不用先考虑，不用早计谋，说出来就能妥当，有文采而又合于礼法，不管遇到什么情况，都能应变无穷，这是圣人的能言善辩。先考虑，早计谋，谈话简短而动听，有文采而又实在，广博而又正直，这是士君子的能言善辩。听他的话振振有词却毫无条理，用他做事则狡诈而没有功效，对上不能顺从贤明的君王，对下不能使百姓和谐一致；

但却善于调弄口舌，言谈有度，称得上是夸夸其谈、高傲自大那一类人，这就叫做奸人中最突出的。圣王兴起，必定先诛杀这种人，其次才是盗贼，因为盗贼可以改变，这类人是不可改变的。

非十二子

这是一篇研究先秦时代诸子百家学术思想及流派的重要文献。荀子列举了六种学说，对十二个代表人物进行了评述。荀子极力推崇仲尼、子弓，而以子思、孟轲为罪人，说他们的学说邪僻违理、不伦不类。荀子认为，要实现“一天下，财万物”的政治理想，必须统一思想，效法“仲尼、子弓之义”，“务息十二子之说”。文中还详细论述了如何具备“兼服天下之心”的问题。文章骈散结合，富于气势，辞采明丽，而多用譬喻；其中用种种修辞手段形象描述“士君子”容貌和某些儒生的迂腐姿态，也很有特色。

假今之世，饰邪说，文奸言，以枭乱天下①，矞宇嵬琐②，使天下混然不知是非治乱之所存者，有人矣。

纵情性，安恣睢③，禽兽行，不足以合文通治；然而其持之有故，其言之成理，足以欺惑愚众，是它嚣、魏牟也④。

忍情性，綦谿利跂⑤，苟以分异人为高，不足以合大众、明大分；然而其持之有故，其言之成理，足以欺惑愚众，是陈仲，史䲡也[⑥]。

不知壹天下、建国家之权称[⑦]，上功用，大俭约而僈差等[⑧]，曾不足以容辨异，县君臣[⑨]；然而其持之有故，其言之成理，足以欺惑愚众，是墨翟、宋钘也[⑩]。

【注释】

① 枭乱：扰乱。枭(xiāo)，通“挠”，扰。② 矞(jué)宇：犹谲诡，诡诈。矞，同“谲”。宇，通“讦”(xū)。嵬(wéi)：通“傀”，怪僻。琐：卑小。③ 恣睢(suī)：狂妄放纵。④ 它嚣：人名，生平不详。魏牟：战国时魏国公子。⑤ 綦(qí)：极。谿：通“蹊”，幽深。利：通“离”。跂：通“歧”。⑥ 陈仲：战国时齐国贵族，不食兄禄，不居兄室，辞富贵，主张自食其力。史䲡(qiū)：号子鱼，也称史鱼，春秋时卫国大夫，曾屡次规谏卫灵公，灵公不听，临死嘱咐儿子，死后不要成殓，以进行尸谏。⑦ 权称：准则的意思。权，秤锤。⑧ 僈：通“漫”，抹煞。⑨ 县：同“悬”，悬殊。⑩ 墨翟(dí)：春秋战国之际宋国人，墨家学派的创始人，主张兼爱。宋钘(jiān)：战国时宋人，主张禁欲，和墨子学说接近，所以荀子这里将两人并论。

尚法而无法，下修而好作[①]，上则取听于上，下则取从于俗，终日言成文典，反紃察之[②]，则倜然无所归宿[③]，不可以经国定分；然而其持之有故，其言之成理，足以欺惑愚众，是慎到、田骈也[④]。

不法先王，不是礼义，而好治怪说，玩琦辞[⑤]，甚察而不惠⑥，辩而无用，多事而寡功，不可以为治纲纪；然而其持之有故，其言之成理，足以欺惑愚众，是惠施、邓析也⑦。

【注释】

① 下修：不重视贤智。好作：意思是好倡言新说。作，制作。② 纠：通“循”。③ 僩然：疏阔的样子。④ 慎到：赵国人，早期法家代表人物。田骈（pián）：齐国人，游稷下。以高谈阔论，号称“天口骈”。⑤ 琦：通“奇”。⑥ 不惠：指不合于道理。⑦ 惠施：魏惠王时人，曾为魏相，著书五车，多奇异博杂之说。邓析：郑国的大夫，与子产同时，好刑名之学，长于智辩。

略法先王而不知其统，犹然而材剧志大①，闻见杂博。案往旧造说②，谓之五行③，甚僻违而无类④，幽隐而无说⑤，闭约而无解⑥。案饰其辞而祗敬之曰⑦：此真先君子之言也。子思唱之、孟轲和之⑧，世俗之沟犹瞀儒⑨，讙讙然不知其所非也⑩，遂受而传之，以为仲尼、子弓为兹厚于后世⑪。是则子思、孟轲之罪也。

【注释】

① 剧：多。② 案：通“按”，据。③ 五行：杨倞解释为五常，即仁、义、礼、智、信。④ 僻违：邪僻。类：条理。⑤ 幽隐：隐晦不明。⑥ 闭约：闭塞。⑦ 案：语助词。⑧ 子思：孔子的孙子，名伋。孟轲：邹国人，子思再传弟子。⑨ 沟、

犹、瞀：都是愚昧的意思。⑩ 讙讙（huān）：喧嚣。⑪ 子弓：原误作“子游”。其人未详，可能是孔子弟子仲弓，即冉雍。

若夫总方略，齐言行[①]，壹统类[②]，而群天下之英杰而告之以大古，教之以至顺；奥窔之间[③]，簟席之上[④]，敛然圣王之文章具焉[⑤]，佛然平世之俗起焉[⑥]；六说者不能入也，十二子者不能亲也；无置锥之地，而王公不能与之争名；在一大夫之位，则一君不能独畜，一国不能独容；成名况乎诸侯[⑦]，莫不愿以为臣。是圣人之不得势者也，仲尼、子弓是也。

一天下，财万物[⑧]，长养人民，兼利天下，通达之属[⑨]，莫不从服，六说者立息，十二子者迁化[⑩]，则圣人之得势者，舜、禹是也。

今夫仁人也，将何务哉？上则法舜、禹之制，下则法仲尼、子弓之义，以务息十二子之说，如是则天下之害除，仁人之事毕，圣王之迹著矣[⑪]。

【注释】

① 齐：使之齐一。② 壹：与“齐”意思相近，聚而为一的意思。③ 奥窔（yǎo）：古人住室西南隅叫奥，东南隅叫窔。④ 簟（diàn）席：供坐卧用的竹席。⑤ 敛然：聚集的样子。文章：指典章制度。⑥ 佛然：勃然兴起的样子。⑦ 成：通“盛”。况：通“洸”，大，盛。⑧ 财：同“裁”，利用。⑨ 通达之属：指全天下。属，处的意思。⑩ 迁化：随之变化。

⑪ 迹：业迹。

信信，信也；疑疑，亦信也。贵贤，仁也；贱不肖，亦仁也。言而当，知也[①]；默而当[②]，亦知也。故知默犹知言也。故多言而类，圣人也；少言而法，君子也；多言无法而流湎然[③]，虽辩，小人也。故劳力而不当民务，谓之奸事；劳知而不律先王，谓之奸心；辩说譬谕，齐给便利[④]，而不顺礼义，谓之奸说。此三奸者，圣王之所禁也。知而险，贼而神[⑤]，为诈而巧，言无用而辩，辩不惠而察[⑥]，治之大殃也。行辟而坚，饰非而好，玩奸而泽，言辩而逆，古之大禁也。知而无法，勇而无惮，察辩而操僻，淫太而用乏[⑦]，好奸而与众，利足而迷[⑧]，负石而坠[⑨]，是天下之所弃也。

【注释】

① 知：通“智”。② 默：不言，沉默。③ 流湎：沉湎，沉溺。④ 齐给便利：迅速敏捷。⑤ 神：此指诡诈难测。⑥ 察：指分析细致。⑦ 太：通“汰”。乏：原误为“之”。⑧ 利足：指贪走捷径。⑨ 负石而坠：背着石头坠入深渊。

兼服天下之心：高上尊贵不以骄人，聪明圣智不以穷人，齐给速通不争先人[①]，刚毅勇敢不以伤人。不知则问，不能则学，虽能必让，然后为德。遇君则修臣下之义[2]，遇乡则修长幼之义[3]，遇长则修子弟之义，遇友则修礼节辞让之义，遇贱而少者则修告导宽容之义。无不爱也，无不敬也，无与人争也，恢然如天地之苞万物[4]。如是则贤者贵之，不肖者亲之。如是而不服者，则可谓妖怪狡猾之人矣[5]；虽则子弟之中，刑及之而宜。《诗》云[6]："匪上帝不时[7]，殷不用旧；虽无老成人，尚有典刑[8]；曾是莫听，大命以倾[9]。"此之谓也。

【注释】

① 齐给速通：口才流利，才思敏捷。② 遇：对待。下同。③ 乡：指同乡之人。④ 恢然：广大的样子。苞：通"包"。⑤《诗》：指《诗经·大雅·荡》。⑥ 匪：通"非"。时：通"是"。⑦ 典刑：指可供遵循的规章制度等。⑧ 大命：指国运。倾：倾覆。

古之所谓仕士者[1]，厚敦者也[2]，合群者也，乐富贵者也，乐分施者也，远罪过者也，务事理者也，羞独富者也。今之所谓仕士者，污漫者也，贼乱者也，恣睢者也，贪利者也，触抵者也，无礼义而唯权势之嗜者也。

古之所谓处士者，德盛者也，能静者也[3]，修正者也，知命者也，箸是者也[4]。今之所谓处士者，无能而云能者也，无知而云知者也，利心无足而佯无欲者也，行伪险秽而强高言谨悫者也[5]，以不俗为俗，离纵而跂訾者也[6]。

士君子之所能不能为：君子能为可贵，不能使人必贵己；能为可信，不能使人必信己；能为可用，不能使人必用己。故君子耻不修，不耻见汙⑦；耻不信，不耻不见信；耻不能，不耻不见用。是以不诱于誉，不恐于诽，率道而行⑧，端然正己，不为物倾侧，夫是之谓诚君子。《诗》云⑨：“温温恭人⑩，维德之基⑪。”此之谓也。

【注释】

① 仕士：原误作“士仕”，下同。② 厚敦：敦厚纯朴。③ 静：指能安静自处。④ 箸：通“著”。是：指正确的主张。⑤ 谨悫（què）：谨慎诚实。⑥ 纵：通“踪”，离纵，指离开正道。跂訾（zǐ）：通“企跐”，踮脚走路。⑦ 见：被。下同。⑧ 率：遵循。⑨《诗》：指《诗经·大雅·抑》。⑩ 温温：宽厚的样子。恭人：谦恭的人。⑪ 维：语助词。

士君子之容：其冠进①，其衣逢②，其容良；俨然，壮然，祺然③，蕼然④，恢恢然，广广然，昭昭然，荡荡然，是父兄之容也。其冠进，其衣逢，其容悫；俭然，恀然⑤，辅然，端然，訾然⑥，洞然，缀缀然，瞀瞀然⑦，是子弟之容也。

吾语汝学者之嵬容：其冠絻，其缨禁缓⑧，其容简连；填填然，狄狄然⑨，莫莫然，瞡瞡然，瞿瞿然，尽尽然，盱盱然⑩。酒食声色之中则瞒瞒然，瞑瞑然；礼节之中则疾疾然，訾訾然，劳苦事业之中则儢儢然⑪，离离然，偷儒而罔⑫，无廉耻而忍謑詢⑬。是学者之嵬也。

【注释】

① 进:通“峻”,高。② 逢:宽大。③ 祺然:安详的样子。④ 蕼(sì)然:宽舒的样子。⑤ 恀(chǐ)然:温顺的样子。恀,通“姼”。⑥ 訾然:勤勉的样子。訾,通“孳”。⑦ 瞀(mào)瞀然:眼睛向下看的样子。⑧ 绕:通“俛”,俯。缨:冠带。禁:通“紟”(jīn),衣带。⑨ 狄狄然:跳跃的样子。狄,通“趯”(tì)。⑩ 盱盱(xū)然:瞪着眼睛看的样子。⑪ 儢儢(lǚ)然:懈怠的样子。⑫ 儒:通“懦”。⑬ 忍謑詢(xī gòu):忍受辱骂。

弟佗其冠,神禫其辞①,禹行而舜趋,是子张氏之贱儒也②。正其衣冠,齐其颜色,嗛然而终日不言③,是子夏氏之贱儒也④。偷儒惮事,无廉耻而耆饮食⑤,必曰君子固不用力⑥,是子游氏之贱儒也。

彼君子则不然,佚而不惰⑦,劳而不優⑧,宗原应变⑨,曲得其宜,如是然后圣人也。

【注释】

① 神禫:通“冲澹”,平淡无味。② 子张:姓颛孙,名师,春秋时陈国人,孔子门徒。③ 嗛(qiǎn)然:口中衔着东西的样子。④ 子夏:孔子门徒。姓卜名商。⑤ 耆:通“嗜”,爱好。⑥ 固:本来。⑦ 佚:通“逸”。⑧ 優:通“慢”,怠慢。⑨ 宗原:遵循根本。

【翻译】

趁着当今的世道，修饰邪说奸言，以扰乱天下，诡诈怪异，使天下全然不知道是非治乱的根本所在，这样的人是有的。

恣纵性情，任意放荡，行为如同禽兽，既不合于礼义，又不顺应法治，但是他们说话有根有据，头头是道，这就足以欺骗众人。它嚣、魏牟就是这类人。

克制性情，深沉孤僻，追求与众不同以示清高，不能与民众相合，违背等级名分；然而说话有根有据，头头是道，这就足以欺骗众人。陈仲，史鳝就是这类人。

不懂得统一天下、建立国家的准则，崇尚功用、注重节约而忽略了等级差别，以至于不能容许人与人之间有差异，君与臣之间有等级。然而说话有根有据，头头是道，这就足以欺骗众人。墨翟、宋钘就是这类人。

崇尚法治却没有法律，鄙视贤智而好另搞一套，对上就听从君王旨意，对下就随从人情习俗，整天讲法律条文，以至于反复研究考察，却茫然不知根据何在，不能用来治理国家，确定名分；然而说得有根有据，头头是道，足以欺骗众人。慎到、田骈就是这类人。

不效法先王，不赞成礼义，而好研究邪说，玩弄奇异的言辞，周密细致却不合道理，能言善辩却无用处，做的事很多却功效甚少，不可以作为治国的原则；然而说得有根有据，头头是道，足以欺骗众人。惠施、邓析就是这类人。

粗略地效法先王而不知先王的根本要领，却似乎才高志大，见多识广。根据古代的观点来编造新说，叫做“五行”，非常荒诞而不合伦理，神秘而无法解说，晦涩而不可理解。于是修饰辞藻而恭恭敬敬地说：“这才是真正古代君子的言论啊！”子思倡导，孟轲应和，世俗间愚昧的儒生跟着吵吵嚷嚷，却不知道这种说法是不对的，于是接受下来并加以传扬，还以为这是仲尼、子弓所作，是对后世的贡献。这是子思、孟轲的罪过啊！

至于总括治国的方针、策略，统一人们的言论行动，整齐政事的纲领条目，聚集天下的英雄豪杰，告诉他们古帝王的业绩，教导他们最高的道理，就在住室之内，竹席之上，圣王的典章就具备了，太平盛世的习俗就勃然兴起了，那六种学说就不能侵入，那十二个人就不能影响人们了。虽然没有立锥之地，但是王公贵族不能与他争名；虽然只是处于大夫的地位，但一个君王畜养不了他，一个国家容纳不了他；盛名在诸侯中流传，谁都想用他作臣。这是没有得到权势的圣人，仲尼、子弓就是这样的人。

统一天下，利用万物，养育人民，使整个天下都得到好处，凡是能够到达的地方，没有不服从的，那六种学说立即止息，那十二个人跟着转变。这是得到权势的圣人，舜、禹就是这样的人。

当今的仁人要怎么做呢？上要效法舜、禹的制度，下要效法仲尼、子弓的准则，从而务必平息那十二个人的学说，这样就能消除天下的祸患，完成仁人的事业，圣王的业绩也就能发扬光大了。

相信真实的，是诚实；怀疑可疑的，也是诚实。尊重贤者，是仁义；鄙视不肖者，也是仁义。说话得当，是智慧；沉默得当，也是智慧。所以聪明的沉默同聪明的讲话是一样的。因此讲话多而合于道理，就是圣人；讲话少而合于法则，就是君子；话多却不合道理，还要喋喋不休，虽然善辩，也是小人。费力干却不合百姓的要求，就叫做奸事；煞费苦心却不合先王的准则，就是奸心；能说会道，善用比喻，而且反应敏捷，但是不顺从礼义，就叫做奸说。这三种奸邪，是圣王所禁止的。聪明而又阴险，恶毒而又诡秘，行为奸诈而又巧妙，空话连篇却说得头头是道，言不合理却分析细密，这是治国的大祸害。行为邪僻而又很顽固，掩饰谬误而又很巧妙，玩弄阴谋而又很圆滑，能言善辩而又违背情理，这是古时所最禁忌的。聪明而不守法度，勇敢而肆无忌惮，善于辞令而操行邪僻，骄奢过甚而资用匮乏，专干坏事而党羽众多，这好比贪走捷径而陷入迷途，背着石头而跃进深渊，这是天下所厌弃的。

要让天下人完全信服，就应当是：不因为地位高尚尊贵而傲视人，不因自己聪明智慧而刁难人，不倚仗敏捷迅速而与人争先，不倚仗刚毅勇敢而伤害别人。不懂就问，不会就学，即使有能力也一定谦让，这才是有德行。对君王就实行臣下之道，对同乡就实行长幼之道，对长辈就实行子弟之道，对朋友就实行礼节辞让之道，对卑贱而年少的就实行劝导宽容之道。对人没有不爱护的，没有不尊敬的，不与人相争，心胸开阔，如同天地包容万物一样。这样，贤者就尊敬他，不肖者也会亲近他。能够这样做而天下有不服的人，那可就是妖怪狡猾的人了；即使是自己子弟中的人，用刑罚惩治他也是应当的。《诗经》上说："不是天帝的过错，而是殷纣王抛弃先王之道；虽然没有老实持重的人了，也还有可以遵守的准则；竟然不肯照着去做，国家就衰败灭亡了。”说的就是这个道理。

古时所说的有官职的士人，是忠厚合群，安于富贵，喜好施舍，远离罪过，追求事理，羞于独富的人。现在所说的有官职的士人，是卑鄙污秽，残贼悖乱，狂妄任性，贪图私利，触犯法令，没有礼义而一味追求权势的人。

古时所说的没有官职的士人，是品德高尚，安于恬静，修身正行，乐天知命，宣扬正确主张的人。现在所说的没有官职的士人，是无能却自称有才能，无知却自称有知识，贪得无厌却装作没有私欲，行为阴险肮脏却自称谨慎老实，不合流俗以表现超脱，背离常道以显示与众不同的人。

士君子所能做到的和不能做到的，有下面这些：君子能够做到值得人尊重，但不能使人必定尊重自己；能够做到值得人信任，但不能使人必定信任自己；能够做到值得人任用，但不能使人必定任用自己。君子耻于品德不好，而不以被污辱为耻；耻于不守信用，而不以不被相信为耻；耻于没有才能，而不以不被任用为耻。所以不为赞扬所诱惑，不为诽谤所恐吓，循着大道行走，自己端端正正，不因外界影响而动摇，这才称得上是真正的君子。《诗经》上说：“宽厚谦恭的人啊，这是道德的根本。”说的就是这样的人。

士君子的容貌是：帽子高耸，衣服宽大，面容温和，庄重威严，安详宽舒，宽厚豪放，坦诚开朗，这就是做父兄的仪态。帽子高耸，衣服宽大，面容诚实，谦逊温顺，亲近端正，勤勉恭敬，规规矩矩，垂目下视，这就是做子弟的仪态。

我告诉你们那些所谓学者的丑态：帽子戴得很低，帽带和腰带都系得很松，神情傲慢；洋洋自得，上窜下跳，沉默不语，浅陋拘泥，左顾右盼，消沉沮丧，瞪眼直视；在吃喝作乐时，贪婪沉醉；在礼节往来时，慌里慌张，骂骂咧咧；做起辛苦的事情来，懒散懈怠，懦弱而虚妄，没有廉耻而能甘受辱骂。这就是那些所谓学者的丑态。

帽子歪歪斜斜，说话平淡无味，模仿禹舜走路的样子，这就是子张氏一类的下贱儒生。衣帽整齐，面色庄重，嘴里象含着东西一样整天不说一句话，这就是子夏氏一类的下贱儒生。懦弱怕事，没有廉耻而嗜好吃喝，总是说君子本来就不用出力，这就是子游氏一类的下贱儒生。

君子可不是这样。他们悠闲安逸而不懒惰，辛劳而不怠慢，遵守原则而又灵活应变，各方面都处理得很恰当，这样然后才能成为圣人。

王 制

这是一篇体现荀况政治思想的重要论文。文中提出了一系列治理国家的原则和策略：在政治上，主张“一天下”，结束诸侯异政、分裂割据的局面，描绘了一幅统一的封建王国的理想蓝图；在策略上，强调“法后王”、“隆礼义”、用封建等级名分来确立新统治秩序，以实行“王制”；提出“尚贤使能”、破格提拔新兴地主阶级人才的用人原则，同时强调赏功罚罪，加强君主集权；在经济上，主张发展农业、保护山林鱼泽，加强各地物资交流，等等。文中通过论述王与霸、安与存、危殆与灭亡等不同政治状况和“王者”、“霸者”、“强者”的区别，提出了实行“王道”的政治主张，同时对“霸道”也给予了较多的肯定，这与孟子“尊王黜霸”的观点有着明显的不同。另外，荀子看到了封建统治者和人民的矛盾对立，看到了人民的力量，发出了“水则载舟，水则覆舟”的告诫，是非常可贵的。当然，他把封建制度视为永恒，是其历史局限。

请问为政？曰：贤能不待次而举，罢不能不待须而废①，元恶不待教而诛②，中庸不待政而化。分未定也则有昭缪③。虽王公士大夫之子孙也，不能属于礼义，则归之庶人。虽庶人之子孙也，积文学④、正身行，能属于礼义，则归之卿相士大夫。故奸言，奸说，奸事，奸能，遁逃反侧之民，职而教之，须而待之，勉之以庆赏，惩之以刑罚，安职则畜，不安职则弃。五疾，上收而养之，材而事之，官施而衣食之，兼覆无遗。才行反时者死无赦。夫是之谓天德，是王者之政也。

听政之大分⑤：以善至者待之以礼⑥，以不善至者待之以刑。两者分别，则贤、不肖不杂，是非不乱。贤、不肖不杂则英杰至，是非不乱则国家治。若是，名声日闻，天下愿⑦，令行禁止，王者之事毕矣。凡听，威严猛厉而不好假道人，则下畏恐而不亲，周闭而不竭；若是，则大事殆乎驰，小事殆乎遂⑧。和解调通，好假道人，而无所凝止之，则奸言并至，尝试之说锋起⑨；若是，则听大事烦，是又伤之也。故法而不议，则法之所不至者必废。职而不通，则取之所不及者必队⑩。故法而议，职而通，无隐谋，无遗善，而百事无过，非君子莫能。故公平者，职之衡也⑪，中和者，听之绳也⑫。其有法者以法行，无法者以类举，听之尽也，偏党而无经，听之辟也⑬。故有良法而乱者，有之矣；有君子而乱者，自古及今，未尝闻也。传曰：“治生乎君子，乱生乎小人。”此之谓也。

【注释】

① 罢（pí）：通“疲”，指不贤的人。② 元恶：首恶，大恶。

③ 昭缪：即"昭穆"。古代宗法制度规定：宗庙次序，始祖庙在正中，以下按父子的辈份排为昭穆。这样依次排列，来分别上下次序。④ 文学：指文化典籍知识。⑤ 大分：要领，关键。⑥ 以善至者：怀善意而来的人。⑦ 愿：仰慕。⑧ 遂：通"坠"。⑨ 锋：通"蜂"。⑩ 队：通"坠"，失。⑪ 衡：准则。⑫ 绳：准绳、标准。⑬ 辟：通"僻"，偏邪。

分均则不偏①，势齐则不一，众齐则不使。有天有地而上下有差，明王始立而处国有制。夫两贵之不能相事，两贱之不能相使，是天数也②。势位齐，而欲恶同，物不能澹则必争③，争则必乱，乱则穷矣。先王恶其乱也，故制礼义以分之，使有贫、富、贵、贱之等，足以相兼临者④，是养天下之本也。《书》曰："维齐非齐⑤。"此之谓也。

马骇舆⑥，则君子不安舆；庶人骇政，则君子不安位。马骇舆，则莫若静之；庶人骇政，则莫若惠之。选贤良，举笃敬⑦，兴孝悌，收孤寡，补贫穷，如是，则庶人安政矣。庶人安政，然后君子安位。传曰："君者，舟也；庶人者，水也。水则载舟⑧，水则覆舟。"此之谓也。故君人者，欲安，则莫若平政爱民矣；欲荣，则莫若隆礼敬士矣；欲立功名，则莫若尚贤使能矣。是君人者之大节也⑨。三节者当⑩，则其余莫不当矣。三节者不当，则其余虽曲当，犹将无益也。孔子曰："大节是也，小节是也，上君也。大节是也，小节一出焉，一入焉，中君也。大节非也，小节虽是也，吾无观其余矣。”

【注释】

① 偏：通“遍”。② 天数：指自然的道理。③ 澹：通“赡（shàn）”，满足。④ 相兼临：意思是相互间彼此监督。⑤《书》，指《尚书·吕刑》。⑥ 骇舆（hài yú）：惊车。骇，惊惧。下同。⑦ 笃敬：指忠实而恭敬的人。⑧ 则：能。下句同。⑨ 大节：大事。⑩ 三节：指上文“平政爱民”、“隆礼敬士”、“尚贤使能”三事。当：得当。

成侯、嗣公聚敛计数之君也[①]，未及取民也。子产取民者也[②]，未及为政也。管仲为政者也[③]，未及修礼也。故修礼者王，为政者强，取民者安，聚敛者亡[④]。故王者富民，霸者富士，仅存之国富大夫，亡国富筐箧[⑤]，实府库。筐箧已富，府库已实，而百姓贫，夫是之谓上溢而下漏[⑥]。入不可以守，出不可以战，则倾覆灭亡可立而待也。故我聚之以亡，敌得之以强。聚敛者，召寇、肥敌、亡国、危身之道也，故明君不蹈也。

王夺之人，霸夺之与[⑦]，强夺之地。夺之人者臣诸侯，夺之与者友诸侯，夺之地者敌诸侯。臣诸侯者王，友诸侯者霸，敌诸侯者危。

【注释】

① 成侯、嗣（sì）公：都是战国时卫国国君，嗣公是成侯之子。② 子产：春秋末郑国大夫。③ 管仲：春秋时齐国人，

任齐国宰相四十年。④ 聚敛：指搜刮民财。⑤ 筐箧（qiè）：盛物的筐子和箱子。这里指国君的私囊。⑥ 上溢：指国君财物之多。下漏：指百姓财物之被剥夺净尽。⑦ 与：与国，友好国家。

用强者[①]，人之城守[②]，人之出战，而我以力胜之也，则伤人之民必甚矣。伤人之民甚，则人之民恶我必甚矣。人之民恶我甚，则日欲与我斗[③]。人之城守，人之出战，而我以力胜之，则伤吾民必甚矣，伤吾民甚，则吾民之恶我必甚矣。吾民之恶我甚，则日不欲为我斗。人之民日欲与我斗，吾民日不欲为我斗，是强者之所以反弱也。地来而民去，累多而功少[④]，虽守者益[⑤]，所以守者损[⑥]，是以大者之所以反削也。诸侯莫不怀交接怨而不忘其敌，伺强大之间，承强大之敝，此强大之殆时也。知强大者不务强也，虑以王命[⑦]，全其力，凝其德[⑧]。力全则诸侯不能弱也，德凝则诸侯不能削也，天下无王霸主，则常胜矣。是知强道者也。

【注释】

① 用强者：指恃用强道、强力的君主。② 人：指别人，对方。下同。③ 日：犹言日日，天天。④ 累：劳苦。⑤ 守者：指土地。⑥ 所以守者：指人民。⑦ 虑：大略，大抵。⑧ 凝：聚集，加强。

彼霸者不然，辟田野，实仓廪，便备用①，案谨募选阅材伎之士②，然后渐庆赏以先之③，严刑罚以纠之。存亡继绝，卫弱禁暴，而无兼并之心，则诸侯亲之矣。修友敌之道以敬接诸侯，则诸侯说之矣④。所以亲之者，以不并也；并之见，则诸侯疏矣。所以说之者，以友敌也；臣之见，则诸侯离矣。故明其不并之行，信其友敌之道，天下无王霸主，则常胜矣。是知霸道者也。闵王毁于五国⑤，桓公劫于鲁庄⑥，无它故焉，非其道而虑之以王也。

彼王者不然，仁眇天下⑦，义眇天下，威眇天下。仁眇天下，故天下莫不亲也；义眇天下，故天下莫不贵也；威眇天下，故天下莫敢敌也。以不敌之威，辅服人之道，故不战而胜，不攻而得，甲兵不劳而天下服，是知王道者也。知此三具者，欲王而王，欲霸而霸，欲强而强矣。

【注释】

① 备用：这里指器械用品。② 案：发语词。谨：慎重地。募：招募。选阅：选拔。材伎之士：指武艺高强之士。伎，通“技”。③ 渐：重。④ 说：通“悦”。下同。⑤ 闵王：即湣王。据《史记·田敬仲完世家》载：齐湣王十七年（前284），乐毅以燕、赵、楚、魏、秦五国之兵破齐，湣王出奔莒。⑥ 桓公劫于鲁庄：齐桓公与鲁庄公盟于柯，桓公被鲁臣曹沫劫持，被迫答应归还鲁国汶阳之田。事见《公羊传·庄公十三年》。⑦ 眇（miǎo）：高远。

王者之人，饰动以礼义，听断以类，明振毫末，举措应变而不穷，夫是之谓有原，是王者之人也。

王者之制，道不过三代，法不贰后王①。道过三代谓之荡②，法贰后王谓之不雅③。衣服有制，宫室有度，人徒有数，丧祭械用，皆有等宜。声，则凡非雅声者举废④；色，则凡非旧文者举息；械用，则凡非旧器者举毁。夫是之谓复古，是王者之制也。

王者之论⑤，无德不贵，无能不官，无功不赏，无罪不罚。朝无幸位，民无幸生。尚贤使能，而等位不遗；折愿禁悍⑥，而刑罚不过。百姓晓然皆知夫为善于家而取赏于朝也⑦；为不善于幽而蒙刑于显也。夫是之谓定论，是王者之论也。

【注释】

① 三代：指夏、商、周。贰：违背、违反。后王：近时的君王，也就是当世的君主。② 荡：荒远，茫远。③ 雅：正。④ 举废：完全废止。⑤ 论：通“伦”，指用人的方针。⑥ 折愿：折，辖制；愿，通“傆”，狡黠。⑦ 晓然：很明白。

王者之法，等赋，政事①，财万物，所以养万民也。田野什一，关市几而不征②，山林泽梁，以时禁发而不税。相地而衰政③，理道之远近而致贡，通流财物粟米，无有滞留，使相归移也；四海之内若一家。故近者不隐其能，远者不疾其劳。无幽间隐僻之国，莫不趋使而安乐之。夫是之谓人师，是王者之法也。

北海则有走马吠犬焉，然而中国得而畜使之。南海则有羽翮、齿革、曾青、丹干焉④，然而中国得而财之。东海则有紫、紶、鱼、盐焉⑤，然而中国得而衣食之。西海则有皮革、文旄焉⑥，然而中国得而用之。故泽人足乎木，山人足乎鱼，农夫不斫削⑦，不陶冶而足械用，工贾不耕田而足菽粟。故虎豹为猛矣，然君子剥而用之，故天之所覆，地之所载，莫不尽其美、致其用，上以饰贤良，下以养百姓而安乐之。夫是之谓大神。《诗》曰⑧："天作高山，大王荒之；彼作矣，文王康之。⑨"此之谓也。

【注释】

① 政事：指正理民事。政，通"正"。② 几：检查。征：征税。③ 衰(cuī)：等差，这里用如动词，指制订不同的等级。政：通"征"。④ 羽翮(hé)：鸟类的羽毛。齿革：指象牙和犀牛皮。曾青：即铜精，绘画用的颜料。丹干：朱砂。⑤ 紫：通"絺"(chī)，细麻布。紶：当为"绤"(xì)，粗麻布。⑥ 文旄(máo)：染上色彩的牦牛尾。⑦ 斫(zhuó)：砍削。⑧《诗》：指《诗经·周颂·天作》。⑨ 大王：太王，即古公亶(dǎn)父。荒：大。康：安定的意思。

以类行杂，以一行万；始则终，终则始，若环之无端也，舍是而天下以衰矣。天地者，生之始也；礼义者，治之始也；君子者，礼义之始也。为之，贯之，积重之，致好之者，君子之始也。故天地生君子，君子理天地；君子者，天地之参也①，万物之总也，民之父母也。

无君子，则天地不理，礼义无统。上无君师，下无父子，夫是之谓至乱。君臣、父子、兄弟、夫妇，始则终，终则始，与天地同理，与万世同久，夫是之谓大本。故丧祭、朝聘、师旅一也[②]。贵贱、杀生、与夺一也。君君、臣臣、父父、子子、兄兄、弟弟一也。农农、士士、工工、商商一也。

水火有气而无生，草木有生而无知，禽兽有知而无义；人有气、有生、有知亦且有义，故最为天下贵也。力不若牛，走不若马，而牛马为用，何也？曰：人能群，彼不能群也。人何以能群？曰：分[③]。分何以能行？曰：义。故义以分则和，和则一，一则多力，多力则强，强则胜物；故宫室可得而居也。故序四时，裁万物，兼利天下，无它故焉，得之分义也。

【注释】

① 参：参与、配合。② 朝聘：诸侯定期朝见天子和互相聘问的礼节。③ 分（fèn）：指权利的限定。

故人生不能无群，群而无分则争，争则乱，乱则离，离则弱，弱则不能胜物。故宫室不可得而居也，不可少顷舍礼义之谓也。能以事亲谓之孝，能以事兄谓之弟[①]，能以事上谓之顺，能以使下谓之君。君者，善群也。群道当，则万物皆得其宜，六畜皆得其长[②]，群生皆得其命。故养长时，则六畜育；杀生时，则草木殖。政令时，则百姓一，贤良服。

圣王之制也，草木荣华滋硕之时，则斧斤不入山林③，不夭其生④，不绝其长也；鼋鼍鱼鳖鳅鳣孕别之时⑤，网罟毒药不入泽⑥，不夭其生，不绝其长也；春耕、夏耘、秋收、冬藏四者不失时，故五谷不绝，而百姓有余食也；污池渊沼川泽⑦，谨其时禁，故鱼鳖优多而百姓有余用也；斩伐养长不失其时，故山林不童而百姓有余材也⑧。

圣王之用也，上察于天，下错于地⑨，塞备天地之间⑩，加施万物之上；微而明，短而长，狭而广，神明博大以至约。故曰：一与一是为人者，谓之圣人。

【注释】

① 弟（tì）：后来写作“悌”，敬顺侍奉哥哥。② 六畜：猪、牛、羊、马、鸡、狗。③ 斤：砍伐树木的斧。④ 夭：过早地死去。⑤ 鼋（yuán）：大鳖。鼍（tuó）：鳄鱼的一种。鳅：泥鳅。鳣（shàn）：黄鳝。孕别：产卵。⑥ 网罟（gǔ）：鱼网。⑦ 污：池塘。⑧ 童：山无草木叫做童。⑨ 错：通“措”，措置。⑩ 备：满。

序官①：宰爵知宾客祭祀飨食牺牲之牢数②。司徒知百宗城郭立器之数③。司马知师旅甲兵乘白之数④。修宪命，审诗商⑤，禁淫声，以时顺修，使夷俗邪音不敢乱雅，大师之事也⑥。修堤梁，通沟浍⑦，行水潦，安水藏，以时决塞；岁虽凶败水旱，使民有所耘艾⑧，司空之事也⑨。相高下，视肥墝⑩，序五种，省农功，谨蓄藏，以时顺修，使农夫朴力而寡能，治田之事也⑪。修火宪，养山林薮泽草木鱼鳖百索⑫，以时禁发，使国家足用而财物不屈，虞师之事也⑬。顺州里，定廛宅⑭，养六畜，闲树艺，劝教化，趋孝弟⑮，以时顺修，使百姓顺命，安乐处乡，乡师之事也⑯。

【注释】

① 序官：叙述官吏的设置和职能。二字为本段的小标题。序，通“叙”。② 宰爵：官名。知：主管。下同。飨（xiǎng）食：饮宴。牺牲：古代祭祀所用牲畜的通称。牢：祭祀时用一牛一豕一羊为太牢。③ 司徒：掌管国家土地和民政的官。④ 司马：掌管军政和军赋的官。乘：古代四马一车为一乘。白：通“伯”；古代军队编制，百人为伯。⑤ 商：通“章”。⑥ 大（tài）师：周代掌管音乐的官。大，通“太”。⑦ 浍（kuài）：水沟。⑧ 艾（yì）：同“刈”，收获。⑨ 司空：掌管水土、工程的官。⑩ 垗（qiāo）：同“硗”，贫瘠。⑪ 治田：管理农业的官。⑫ 索：通“素”。百素，即“百蔬”，各种蔬菜。⑬ 虞师：掌管山林沼泽的官。⑭ 廛（chán）：古代城市平民的房地。⑮ 趋：促，促使。弟：通“悌”。⑯ 乡师：掌管一乡政教的官。

论百工，审时事，辨功苦，尚完利，便备用，使雕琢文采不敢专造于家，工师之事也①。相阴阳，占祲兆②，钻龟陈卦，主攘择五卜③，知其吉凶妖祥，伛巫跛击之事也④。修採清⑤，易道路，谨盗贼，平室律⑥，以时顺修，使商旅安而货财通⑦，治市之事也⑧。折愿禁悍[9]，防淫除邪，戮之以五刑，使暴悍以变，奸邪不作，司寇之事也[10]。平政教[11]，正法则，兼听而时稽之，度其功劳，论其庆赏，以时顺修，使百吏免尽，而众庶不偷，冢宰之事也[12]。论礼乐，正身行，广教化，美风俗，兼覆而调一之，辟公之事也[13]。全道德，致隆高，綦文理[14]，一天下，振毫末，使天下莫不顺比从服，天王之事也。故政事乱，则冢宰之罪也；国家失俗，则辟公之过也；天下不一，诸侯俗反[15]，则天王非其人也。

【注释】

①工师：掌管手工业的官。②祲(jìn)兆：各种气象变化所显示的征兆。古人认为"祲兆"能预示吉凶。③五卜：指占卜时出现的雨(兆形如雨)、霁(jì。兆形如雨止，云气在上)、蒙(兆形如雾气不散)、驿(兆形如云气不相连贯)、克(兆相交错)五种兆形。④伛(yǔ)：驼背。跛：瘸子。击：通"觋"(xí)。迷信鬼神的人，男叫觋，女叫巫。⑤採：或说採是"矢"的错字。清：通"圊"，厕所。⑥室：市中店铺。律：当作"肆"，廛肆。⑦商旅：原作"宾旅"。⑧治市：管理集市的官。⑨折愿：原误作"抃急"。解释见前。⑩司寇：掌管刑法的官。⑪平：原误为"本"。⑫冢(zhǒng)宰：也称大(太)宰，是众官之长。⑬辟公：诸侯。⑭綦：极，推崇的意思。⑮俗：通"欲"。

具具而王[1]，具具而霸，具具而存，具具而亡。用万乘之国者，威强之所以立也，名声之所以美也，敌人之所以屈也，国之所以安危、臧否也②，制与在此亡乎人③。王霸安存危殆灭亡，制与在我亡乎人。夫威强未足以殆邻敌也，名声未足以县天下也，则是国未能独立也，岂渠得免夫累乎！天下胁于暴国，而党为吾所不欲于是者④，日与桀同事同行，无害为尧。是非功名之所就也，非存亡安危之所堕也⑤。功名之所就，存亡安危之所堕，必将于愉殷赤心之所⑥。诚以其国为王者之所，亦王；以其国为危殆灭亡之所，亦危殆灭亡。

【注释】

① 具具：前一个“具”是动词，具备；后一个“具”是名词，条件。下三句同。② 臧否（pǐ）：好坏。③ 制：关键。与：举、都。亡：无。④ 党：楚方言，知。⑤ 堕：通“随”，从，由。下同。⑥ 殷：通“慇”，痛，忧。

殷之日①，案以中立无有所偏而为纵横之事，偃然案兵无动，以观夫暴国之相卒也②。案平政教，审节奏，砥砺百姓，为是之日，而兵剸天下之劲矣③。案然修仁义，伉隆高④，正法则，选贤良，养百姓，为是之日，而名声剸天下之美矣。权者重之，兵者劲之，名声者美之，夫尧、舜者一天下也，不能加毫末于是矣！权谋倾覆之人退，则贤良知圣之士案自进矣。刑政平，百姓和，国俗节，则兵劲城固，敌国案自诎矣。务本事，积财物，而勿忘栖迟薛越也⑤，是使群臣百姓，皆以制度行，则财物积，国家案自富矣。三者体此而天下服，暴国之君案自不能用其兵矣。何则？彼无与至也。彼其所与至者，必其民也；其民之亲我也，欢若父母，好我芳若芝兰，反顾其上则若灼黥⑥，若仇雠⑦。彼人之情性也，虽桀、跖，岂有肯为其所恶贼其所好者哉！彼以夺矣⑧。故古之人，有以一国取天下者，非往行之也；修政其所⑨，天下莫不愿，如是而可以诛暴禁悍矣。故周公南征而北国怨。曰：何独不来也！东征而西国怨。曰：何独后我也！孰能有与是斗者与！安以其国为是者王。

【注释】

① 殷：盛。② 卒：通“捽”，交斗争打。③ 剸（zhuān）：通“专”。下文同。④ 伉：通“亢”，极。⑤ 忘：通“妄”。棲迟：搁置、丢弃。薛越：散失。⑥ 黥（qíng）：古代在脸上刺字的刑罚。⑦ 仇雠（chóu）：仇敌。⑧ 以：同“已”。⑨ 政：通“正”。

殷之日，安以静兵息民，慈爱百姓，辟田野，实仓廪，便备用，安谨募选阅材伎之士①；然后渐赏庆以先之，严刑罚以防之，择士之知事者使相率贯也，是以厌然畜积修饰而物用之足也②。兵革器械者，彼将日日暴露毁折之中原③，我今将修饰之，拊循之④，掩盖之于府库。货财粟米者，彼将日日棲迟薛越之中野，我今将畜积并聚之于仓廪。材技股肱、健勇爪牙之士⑤，彼将日日挫顿竭之于仇敌，我今将来致之，并阅之，砥砺之于朝廷。如是，则彼日积敝，我日积完；彼日积贫，我日积富；彼日积劳，我日积佚。君臣上下之间者，彼将厉厉焉日日相离疾也[⑥]，我今将顿顿焉日日相亲爱也[⑦]，以是待其敝，安以其国为是者霸。

【注释】

①募选阅：三字同义，挑选、检查的意思。②厌然：满足的样子。③暴露毁折：丢弃毁坏。④拊循：安抚；爱护。⑤股肱（gōng）：指得力的大臣。股，大腿。肱，上臂。⑥厉厉焉：憎恶的样子。⑦顿顿焉：淳厚的样子。

立身则从佣俗[①]，事行则遵佣故[②]，进退贵贱则举佣士，之所以接下之人百姓者，则庸宽惠，如是者则安存。

立身则轻楛[③]，事行则蠲疑[④]，进退贵贱则举佞兑[⑤]，之所以接下之人百姓者，则好取侵夺，如是者危殆。

立身则憍暴[⑥]，事行则倾覆，进退贵贱则举幽险诈故，之所以接下之人百姓者，则好用其死力矣，而慢其功劳，好用其籍敛矣，而忘其本务[⑦]，如是者灭亡。

此五等者，不可不善择也，王霸安存危殆灭亡之具也。善择者制人，不善择者人制之；善择之者王，不善择之者亡。夫王者之与亡者，制人之与人制之也，是其为相县也亦远矣[⑧]。

【注释】

① 佣：同“庸”，平常。② 故：旧规矩。③ 轻楛（kǔ）：轻率粗劣。④ 蠲（juān）疑：迟疑、狐疑。⑤ 佞（nìng）兑：口才捷利的小人。兑，通“锐”。⑥ 憍暴：骄傲横暴。憍，骄傲。⑦ 籍敛：搜刮。⑧ 县：后来写作“悬”。

【翻译】

请问如何治国？回答是：对德才兼备的人不必按着等级次序提拔任用，对无德无才的人不用拖延就立刻罢免，对首恶分子不须教育就可以杀掉，对平常百姓不用刑赏就能够感化。在名分还没确定时，用宗族辈份来区分上下等级。即便是王公士大夫的子孙，如果行为不合乎礼义，就归到平民百姓之列。即便是平民百姓的子孙，如果他学习专心，品德端正，行为合乎礼义，就归到卿相士大夫之列。所以对那些说坏话、出坏主意、干坏事、有干坏事的本领，到处乱窜，不安分的人，要强制劳役并进行教育，给予一定的时间等待他们改过。用奖赏勉励他们，用刑罚惩治他们，安心劳动的就收留下来，反之就流放到边远地方。对于五种残疾人，国家收容并养活他们，按照能力分派事情，官府供给衣食，并要全面照顾而无遗漏。对那些才能行为与时代相违背的人，要坚决处死，决不赦免。这就叫做最高的道德，这就是王者的政事。

处理政事的要领是：对怀有善意者以礼相待，对不怀善意者以刑相待。这两者划分清楚，那么贤人与不肖者就不混杂，是非就不会淆乱了。贤人与不肖者不混杂，英杰就会到来;是与非不混乱,国家就会大治。这样做了,名声就一天天显赫,天下都归顺,令行禁止,王者的大业就完成了。处理政事,如果威严猛厉,又不好宽容引导人,臣下就害怕而不敢亲近,就会隐瞒情况而不会讲出来;这样,大事就要废弛了,小事就要败坏了。如果凡事都随和协调,好宽容开导人,而没有限制,就会恶言四起,试探性的话蜂涌而来,如果是这样,就会听的太多,事又烦乱,同样会妨碍政事。所以有法令而不加以讨论,那么法令条文没有涉及到的事就不会处理。规定了职责而不互相沟通,那么职责没有涉及到的事就会办糟。所以有法令而常常讨论,有职责而加以沟通,没有隐瞒的计谋,没有遗漏的善言,就会一切事情都无过错,这些是唯有君子才能做到的。公平合理,是处理政事的尺度;宽严适当,是处理政事的准绳。有法令规定的,就依法而行,没有法令规定的,就用已有的法令条文类推处理,这是处理政事的最好办法了。偏袒亲信而没有一定准则,这是处理政事的歪门邪道。所以虽有好的法令而国家却很混乱,这种情况是有的;但有君子而国家混乱的,从古到今也没听说过。古书上说:“国家大治是由于有了君子,国家的混乱是由于小人。”说的就是这个道理。

不同等级拉平了,就没法治理;权势相同了,就不能统一;众人平等了,就无法役使。有天地就有上下的差别,贤明的君王一当政,就使国家有等级制度。正象同样尊贵的两个人,谁也不会侍奉谁,同样卑贱的两个人,谁也不能役使谁,这是必然的道理啊!权势地位相同了,所想得到的和所厌恶的就相同,而财物不能满足就必然相争,相争就必然引起混乱,混乱就会导致国家灭亡。先王憎恶这种混乱,所以制定礼义来划分,使人们有贫富贵贱的等级,足以相互监视,这是管好国家的根本。《尚书》上说:"要想做到齐,必须是不齐。"说的就是这个意思。

驾车的马受惊了,君子就不能安稳地坐在车上;同样,老百姓被苛政吓怕了,君子就不能安稳地统治国家。驾车的马受惊了,最好的办法是让它安静下来;老百姓害怕苛政,最好的办法是给他们些恩惠。选用贤良的人,推举忠厚老实的人,提倡孝悌,收养孤儿寡妇,帮助贫困的人,这样老百姓就安心服从统治了。老百姓安心服从统治,然后君子的地位才能稳固。古书上说:"君王好比船,老百姓好比水。水能浮起船,也能弄翻船。"说的就是这个道理。所以做君王的,要想平安,就没有比公平执政、爱护百姓更重要的了;要想荣耀,就没有比尊崇礼义、敬重士人更重要的了;要想建立功名,就没有比推崇贤良、任用能人更重要的了。这是君王为政的大方面。这三方面做得适当,那末其余就没有不当的了。这三方面做得不当,那么其余的即使都妥当,也是没有用的。孔子说:"大方面好,小方面也好,这是上等君王。大方面好,小方面稍差些,这是中等的君王。大方面不好,小方面虽好,我不用再看其他表现,也就知道这是下等君王了。"

成侯、嗣公都是搜刮财富、爱打小算盘的君王,不能得民心;子产是得民心的,但不能管好政事;管仲是善理政事的,但不能实行礼义。所以实行礼义的人能统一天下,善理政事的人能使国家强盛,能得民心的人会使国家安定,搜刮财富的人会使国家灭亡。所以说行王道的国家使百姓富裕,行霸道的国家使士人富裕,勉强维持的国家使大夫富裕,衰亡的国家只能使君王的筐子箱子和朝廷的仓库充实。君王的筐子箱子填满了,朝廷的仓库充实了,可是老百姓却贫困了,这就叫做上溢满而下漏空。这样的国家内不能守卫,外不能应战,倾覆灭亡立刻就会到来。自己聚敛财富而亡了国,敌人得了这些财富而强盛起来。可见聚敛钱财,是招引敌寇、养肥敌人、灭亡国家、危害自身的道路,明智的君王是不走这条路的。

王者争取人心,霸者争取友邦,以力胜人者争夺土地。能得人心者可使诸侯臣服,能争取友邦的可与诸侯为友,争夺土地的会与诸侯为敌。使诸侯臣服的国家可以称王,与诸侯为友的国家可以称霸,与诸侯为敌的国家就危险了。

单纯依靠强力的国家就有这种情形:对方或者坚持守城,或者出战,而我方却用武力战胜它,那么对方的百姓就必然受到极大的伤害;对方的百姓受到极大伤害,就必然非常憎恨我方;非常憎恨我方,就天天想和我方战斗。对方或者坚守,或者出战,而我方用武力战胜它,那么我国的百姓就必然受到极大的伤害;我国的百姓受到极大伤害,就必然非常憎恨我方;我国的百姓非常憎恨我方,就天天不想为我方作战。对方的百姓天天想和我方作战,我国的百姓天天不想为我方作战,这就是强者反而变弱的原因。获得了土地,却失去了民心,负担多了,而功效少了,虽然需要守卫的土地增加了,守土地的人却减少了,这就是大国反而变小的原因。诸侯国没有不断绝交往而与强国为敌的,他们总是窥伺强国大国的破绽,趁着强国大国疲弊的时候去进攻，这时强国大国就危险了。真正懂得使国家强大的人，决不单纯使用强力，而是以统一天下为使命，保全实力，巩固自己的威望。国力保全了，诸侯就不能削弱它；威望巩固了，诸侯就不能减损它，如果当时天下没有王者或霸主，那么自己就可以保持常胜了。这才是真正懂得致强之道的。

那实行霸道的就不是这样，他要开辟土地，充实粮仓，储存器械方便使用，谨慎地招募、挑选武艺高强的人，然后用重赏诱导他们，用严刑约束他们；存亡继绝，捍卫弱小，制止强暴，却没有吞并他国的想法，这样各诸侯国就都来亲附了。讲求友好对等的原则，恭敬地结交诸侯国，诸侯国就悦服了。诸侯国所以来亲附，是因为自己不兼并它；如果表露出兼并之心，诸侯国就疏远了。诸侯国所以悦服，是因为采取了友好对等的态度；如果表露出让他国称臣的想法，诸侯就有离心了。所以，申明自己没有兼并的念头，恪守友好对等的原则，如果当时天下没有王者霸主，那么就可以保持常胜了。这是真正懂得称霸之道的。齐闵王被五国联合的军队所打败，齐桓公被鲁庄公所劫持，没有别的原因，是由于他们行的不是王道却又一心想着称王天下。

实行王道的君主与霸者又有不同：他仁德高于天下，义行高于天下，威严高于天下。仁德高于天下，所以天下没有不亲近他的。义行高于天下，所以天下没有不尊重他的。威严高于天下，所以天下没有敢与他为敌的。以无敌的威严，来辅助使人心服的仁义之道，所以不用作战就会胜利，不用攻打就可获胜，不用兴师动众就使天下顺从，这是真正懂得王道的啊！明白怎样具备这三种条件的君主，就可以想称王就能称王，想称霸就能称霸，想成为强国就能成为强国。

行王道的人，能用礼义约束行动，用法令处理政事，明察秋毫，政令措施随机应变，而没有穷尽，这就叫做治国有根据，这就是行王道的人。

王者的制度是：所根据的原理不超过夏、商、周三代，所实行的法令不违背后王。原理超过了三代就是渺茫，法令违背了后王就是不正。衣服有定制，宫室有标准，侍从有数目，丧葬祭祀用的器具都有相应的等级。音乐，凡不合于正声的全都禁止；色彩，凡不合于原有文彩的全都废弃；器物用具，凡不合于古器旧制的全都毁掉。这就是复古，这就是王者的制度。

王者的用人方针是：没有德行的不能重用，没有才能的不给官职，没有功绩的不给奖赏，没有罪过的不受处罚。朝廷上没有谁能侥幸得到官位，百姓中没有谁犯了罪却能侥幸逃脱惩治。崇尚贤者，任用能人，给他们相应的等级地位而没有遗漏；制裁狡诈、凶暴的人，还要刑罚适当而不出纰漏。使老百姓都明白地知道：在家做好事会得到朝廷的奖赏，在暗地里做坏事会在大庭广众中受刑罚。这是大家公认的正确的用人方针，是王者的用人方针。

王者的法令是：按等级规定赋税，正确处理民事，利用万物来抚养百姓。田亩征收十分之一的税，关卡集市只监察奸邪而不收税，山林水泽根据时节禁入或开放，但不收税。察看土地的肥瘠以区别收税的数量，区分道路的远近以规定纳贡的多少，及时转运财物、粮食而不积压，使各地互通有无。四海之内如同一家,所以近处的人不隐讳自己的才能,远处的人不怨恨奔走的劳苦,无论多么偏远的诸侯国,没有不乐于听候王者驱使的。这叫做民众的师表,是王者的法度。

北方产快马和猎狗,然而中原地区能够畜养和使用它们。南方产羽毛、象牙、犀牛皮、铜精和朱砂,然而中原地区能够利用它们。东方产粗细麻布、鱼和盐,然而中原地区能用来做衣服和食物。西方产皮革和染色的牦牛尾,然而中原地区能够使用它们。所以渔民有足够的木材,山民有足够的鱼吃,农夫不用去砍削木头,也不用烧窑、打铁,就有足够的器械用具,工匠和商人不用种田就有丰足的粮食。虎豹够凶猛的了,然而君子可剥它的皮用。天地间的万物,都充分发挥其特性,各尽其用,上可以炫耀君子的富贵尊严,下可以供养百姓,使他们安居乐业。这就是大治。《诗经》上说:"天生成了岐山啊,大王开辟了它;已创立了基业啊,文王又守住了它。"说的就是这个意思。

用类别来统理纷杂的事物,用同一的规律来统理万事,有开始就有终结,有终结就有开始,就象圆环一样没有头。放弃这个类和一,天下就要衰亡了。天地是生命的本原,礼义是治国的本原,君子是行礼义的本原。制定礼义,贯彻礼义,培养礼义,非常喜欢礼义,这是做君子的本原。所以天地生养君子,君子治理天地。君子是和天地相配的,是万物的总管,是百姓的父母。没有君子,天地就不能治理,礼义就没有头绪,上无君长,下无父子,这就叫做大乱,君臣,父子,兄弟,夫妇的等级,有始有终,有终有始,与天地同理,和万世并存,这就叫做大的本原。所以丧葬、祭祀、朝聘、军队，都是遵循一个道理。贵和贱，杀和生，给和夺，都是遵循一个道理。君要象君，臣要象臣，父要象父，子要象子，兄要象兄，弟要象弟，都是遵循一个道理。农要象农，士要象士，工要象工，商要象商，都是遵循一个道理。

水火有气息却没有生命，草木有生命却没有知觉，禽兽有知觉，却没有礼义，人有气息、有生命、有知觉、又有礼义，所以在天下万物中最可尊贵。人的力气没有牛大，奔跑不如马快，而牛马却被人驱使，这是为什么呢？回答是：人能合群，牛马不能合群啊！人为什么能合群？回答是：人有等级名分。等级名分为什么行得通呢？回答是：人有礼义。用礼义来区分等级，人们就协调起来，协调了就能一致，一致了就有力量，有力量就强大，强大就能战胜自然，就能建筑房屋。所以依照四时的顺序，利用万物，使天下都受益，这没有其他原因，就是因为有了名分和礼义啊！

所以人要生存就不能没有群体，群聚而没有等级名分就要争夺，争夺就要混乱，混乱就要离散，离散了力量就弱，力弱就不能战胜自然，也就不能建造房子居住了。这就是片刻也不能放弃礼义的道理啊！能用礼义侍奉父母叫做孝，能用礼义侍奉兄长叫做悌，能用礼义侍奉君王叫做顺，能用礼义役使臣民叫做君。所谓君，是善于组织群众的意思。组织群众的原则得当，万物就各得其宜，六畜都得以生长，一切生物都得以正常生存。所以养育繁殖适时，就六畜兴旺；砍伐种植适时，就草木繁荣；政令适时，就能够百姓一致，贤良悦服。

圣王的制度是，草木开花结果时期，就不允许进山林砍伐，为的是不妨害它们的生长和繁殖；鱼鳖之类产卵的时期，就不允许下网捕捞，更不能下毒药，为的是不妨害它们的生长和繁殖；春耕、夏耘、秋收、冬藏，这四样都不误时节，就会五谷丰登，百姓有余粮；池塘河泽，严格规定一定时节禁止捕捞，就会鱼鳖繁多，百姓食用不尽；砍伐种植不失时节，就会山林茂密，百姓有余材可用。

圣王的作用是，上察天时，下顺地利，充满于天地之间，影响推广于万物；既隐约而又显明，既短暂而又长久，既狭小而又宽广，既明智广大而又极其简要。所以说，用一个“道”的道理来统率一切的人，这就叫做圣人。

说说官吏的职责：宰爵掌管宴饮宾客和祭祀时所用牲畜的种类和头数。司徒掌管各家族的世系人口和城郭放置器械的数目。司马掌管军旅、铠甲、武器和车马的数目。修定法令文告，审察诗歌，禁止淫邪的音乐，按时整顿，使得蛮夷和世俗的淫乐不敢扰乱中正的雅乐，这是太师的职责。修筑堤坝桥梁，疏通水渠，引水排涝，修固水库，按时开放和关闭，即使遇到旱涝灾害之年，百姓也能耕种收获，这是司空的职责。察看地势的高下，审视土质的好坏，根据五谷的性能按时节种植，考察农民的功效，谨慎地储藏粮食，按时整顿，使农夫朴实勤勉地种庄稼，而不分心做其他的事，这是司田的职责。制定防火的法令，保护山林水泽草木鱼鳖蔬菜，按季节禁止或允许百姓采用，使国家足用而财物不竭，这是虞师的职责。和顺乡里，划定住宅，饲养六畜，学习种植，鼓励教化，督促孝悌，按时整顿，使百姓服从教令，安居乡里，这是乡师的职责。考评百工，审度时事，分辨产品的精巧和粗劣，注重产品的坚固耐用，储藏器械方便使用，使雕刻彩绘的事不敢在家里私做，这是工师的职责。观察阴阳，借气象占卜吉凶，钻龟甲，摆蓍草算卦，主管五占的形兆，明白吉凶妖祥，这是巫觋的职责。清理厕所，平整道路，严防盗贼，管理居舍店铺，按时整顿，使得商旅平安，财货流通，这是治市的职责。制裁奸巧，禁止凶悍，防备淫乱，清除邪恶，用墨、劓、剕、宫、大辟这五种刑罚惩治，使得凶暴的人变好，奸邪的事不再发生，这是司寇的职责。加强政治教化，修正法令规则，多方听取意见，时时加以考察，衡量功绩，论定奖赏，按时整顿，使百官勤勉尽职，而百姓不偷巧苟安，这是冢宰的职责。修定礼乐，端正行为，推广教化，美化风俗，普遍管理而协调一致，这是诸侯的职责。完善道德，推崇礼义，崇尚文理，统一天下，振兴弱小，使天下人没有不顺从的，这是天王的职责。所以如果政事混乱，就是冢宰的罪过；国家风俗变坏，就是诸侯的过错；天下不统一，诸侯想叛乱，就是天王不称职。

具备了王者的条件就可以称王，具备了霸者的条件就可以称霸，具备了存在的条件就可以安存，具备了灭亡的条件就可能亡国。治理一个拥有万辆兵车的大国的君王，如何树立强大声威，如何获得美好名声，如何使敌人屈服，或者说国家是安还是危，是好还是坏，其关键都在于君王自己而不是别人。是成王还是成霸，是平安存在还是危险或灭亡，其关键都在于君王自己而不是别人。威强还不足以使邻国震慑，名声还不足以使天下仰慕，那么就是这个国家还不能独立，又怎么能免除忧困呢？假如天下都受到凶暴国家的威胁，而又知道这是我所不愿意接受的，那么即使天天和桀那样的暴君共事同行，也不妨碍自己成为尧一样的圣人；但是这不是成就功名的关键，也不是存亡安危的根源。成就功名的关键,存亡安危的根源,必然取决于在国家强盛时真心赞成什么和反对什么。真正地把自己的国家作为行王道的地方,就会成就王业;真正地把自己的国家作为危险灭亡的所在,就必然会亡国。

在国家强盛时,要保持中立,不偏袒一方,不搞合纵连横,要静静地按兵不动,来观看凶暴国家的相互争打;要平定政教,审察礼乐节度,训练百姓,这样做了,兵力就是天下唯一强大的了。还要修行仁义,尊崇礼义,修正法令,推选贤良,供养百姓,这样做了,名声就是天下最美好的了。政权牢固,兵力强劲,名声美好,那么,就是尧舜的一统天下,也不过如此,而不会再胜过一丝一毫了。阴谋狡诈的人被赶走,那么贤能有智慧的人自然就进用了。刑罚政令不严不松,百姓和睦,国家风俗合乎礼义,就会兵力强劲,城防坚固,敌国自然就屈服了。致力农事,积蓄财物而不随意挥霍浪费,使群臣百姓都按照制度行事,这样就财富不断积累,国家自然富足了。用人、刑政、理财三方面都按照以上说的去做,天下就归顺,暴国的君王自然就不能使用他的武力了。为什么呢?因为没有人跟着他前来侵犯了。跟他来打仗的,一定是他的人民,而他的人民亲近我们就象亲近父母一样高兴,喜欢我们就象喜好芝兰的芳香,回过头去看他们的君王,就象看到皮肤烧伤,脸上刺字的犯人,就象看到仇敌一样,而那些人的性情即使象桀、跖一样,难道会乐意为他所憎恶的人去伤害他所喜欢的人吗!他的人民已被我们争取过来了。所以古人有凭着一国而取得天下的,并不是靠武力前往他国去争夺;在国内修明政治,天下没有不愿意归顺的,这样就可以诛伐凶恶,制止暴行了。所以周公出征南方，而北方的国家埋怨说：“为什么单单不来我们这里！”周公出征东方，而西方的国家埋怨说：“为什么单单把我们丢在后面！”有谁能同周公这样的人争斗呢？能凭自己的国家做到这些，就是王者。

在国家强盛时，要停止用兵，使人民休养生息，爱护百姓，开辟田地，充实粮仓，储存器械方便使用，还要谨慎地招募、挑选武艺高强的人，然后用重赏引导他们，用严刑制约他们，选择明白事理的人来领导他们，这样就可以充分地积累财富，修造器械，而使需用充足。那些兵革器械，对方天天损坏丢弃在原野上，而我们却修整爱护，保存在府库中。那些货物粮食，对方天天抛弃浪费在田野上，而我们却不断积蓄，安放在仓库中。那些辅佐国家的人才和勇猛的武士，对方天天派他们同仇敌作战而精疲力竭，而我们却招请他们，接纳他们，在朝廷里锻炼他们。这样，对方就一天一天地凋弊，我们就一天一天地完善；对方就一天一天地贫穷，我们就一天一天地富裕；对方就一天一天地疲劳，我们就一天一天地安逸。至于君臣上下之间的关系，对方会天天互相背离，互相憎恨，我们会天天以诚相待，互相友爱，以此来对待对方的衰败。在自己的国家中如果这样做了，就可以称霸。

如果立身顺从平常的习俗，行事遵循平常的惯例，任用贤者就推举普通的士人，用以对待臣下百姓的措施则很宽厚恩惠，这样的君王，就能使其统治安稳长久。

如果立身轻率恶劣，行事疑惑不决，用人就提拔能说会道的小人，用以对待臣下百姓的措施就喜欢是侵占剥夺，这样的君王就危险了。

如果立身骄横暴躁，行事反复无常，用人就推举阴险狡诈的人，对待臣下百姓就只让他们效力卖命而不想着他们的功劳，一心搜刮聚敛却忘了农业这个根本，这样的君王就要完蛋。

以上五种类型，不可不好好选择，这些就是成就王业、霸业，或使国家安存，或招致危险与灭亡的条件。善于选择的可以制服人，不善选择的就被人制服；善于选择的可以称王，不善于选择的就会灭亡。称王和灭亡，制服和被人制服，这两者间的差距就太远了。

富 国

这是一篇阐述荀况经济思想的重要论文。其中心是“富国裕民”。荀子认为，要使国家富强，必须通过裕民政策使百姓先富起来；百姓富裕了，国家才能富裕，即“下富而上富”。为此，荀子提出了许多重要的经济思想和经济政策。首先要求以“礼”为准则，要做到“明分使群”，“尚贤使能”，巩固封建的生产关系。荀子强调“裕民以政”，提出了“节用裕民”、“强本抑末”、“开源节流”等各项具体政策；又主张加强农业生产，同时“节用以礼”，从而使生产和消费保持平衡，促进经济发展。荀子还强调经济上独立自强，认为只有这样才能富国强兵，实现封建统一的目的。这些，都可看作是荀子对以前的一切有利于巩固和发展封建经济的思想和经验的批判总结。他所揭示和阐述的某些经济思想和经济规律，在今天看来也仍然富有启发意义。

万物同宇而异体，无宜而有用为人①，数也②。人伦并处③，同求而异道，同欲而异知，生也④。

皆有可也，知愚同；所可异也，知愚分。势同而知异，行私而无祸，纵欲而不穷，则民心奋而不可说也⑤。如是，则知者未得治也；知者未得治，则功名未成也；功名未成，则群众未县也⑥；群众未县，则君臣未立也。无君以制臣，无上以制下，天下害生纵欲。欲恶同物，欲多而物寡，寡则必争矣。故百技所成，所以养一人也。而能不能兼技⑦，人不能兼官⑧；离居不相待则穷，群而无分则争。穷者患也，争者祸也。救患除祸，则莫若明分使群矣。强胁弱也，知惧愚也，民下违上，少陵长，不以德为政，如是，则老弱有失养之忧，而壮者有分争之祸矣。事业所恶也，功利所好也，职业无分，如是，则人有树事之患⑨，而有争功之祸矣。男女之合，夫妇之分，婚姻娉内⑩，送逆无礼；如是，则人有失合之忧，而有争色之祸矣。故知者为之分也。

【注释】

① 无宜：用处不同。② 数：指自然的道理。③ 人伦：指各类人。伦，类。④ 生：通“性”。⑤ 心奋：倾心于奋起争夺。⑥ 县：通“悬”。⑦ 能：前一个“能”字指能力。⑧ 官：管理。⑨ 树事之患：指对自己难以建树事业的忧心。⑩ 娉：通“聘”，定亲。内：通“纳”。

足国之道，节用裕民，而善臧其余①。节用以礼，裕用以政。彼裕民故多余，裕民则民富，民富则田肥以易②，田肥以易则出实百倍。上以法取焉，而下以礼节用之。余若丘山，不时焚烧，无所藏之。夫君子奚患乎无余！故知节用裕民，则必有仁义圣良之名，而且有富厚丘山之积矣。此无他故焉，生于节用裕民也。不知节用裕民则民贫，民贫则田瘠以秽，田瘠以秽则出实不半，上虽好取侵夺，犹将寡获也；而或以无礼节用之，则必有贪利纠诱之名③，而且有空虚穷乏之实矣。此无他故焉，不知节用裕民也。《康诰》曰④："弘覆乎天⑤，若德裕乃身⑥。"此之谓也。

【注释】

① 臧（cáng）：通"藏"。② 易：治理。③ 譑：通"挢"，取。④《康诰》：《尚书》篇名。⑤ 弘：广大。⑥ 若德：顺德。乃：你。

礼者，贵贱有等，长幼有差，贫富轻重皆有称者也。故天子袾裷衣冕①，诸侯玄裷衣冕，大夫裨冕②，士皮弁服③。德必称位，位必称禄，禄必称用，由士以上则以礼乐节之，众庶百姓则必以法数制之。量地而立国，计利而畜民，度人力而授事；使民必胜事，事必出利，利足以生民，皆使衣食百用出入相揜④，必时藏余⑤，谓之称数。故自天子通于庶人，事无大小多少，由是推之。故曰：朝无幸位⑥，民无幸生⑦。此之谓也。

轻田野之税，平关市之征⑧，省商贾之数⑨，罕兴力役，无夺农时，如是则国富矣。夫是之谓以政裕民。

【注释】

① 袾(zhū):通“朱”。裷(gǔn):同“衮”,画龙的衣服。冕:礼帽。② 裨(pí):一种大夫所用礼服的名称。③ 皮弁(biàn):一种用白鹿皮做的帽子。④ 揜(yǎn):同“掩”,相合。⑤ 时:及时。⑥ 幸位:侥幸得到职位,指不称职者。⑦ 幸生:侥幸过活,指不务正业者。⑧ 平:减轻。⑨ 贾(gǔ):商人。

人之生,不能无群。群而无分则争,争则乱,乱则穷矣。故无分者,人之大害也;有分者,天下之本利也;而人君者,所以管分之枢要也①。故美之者,是美天下之本也;安之者,是安天下之本也;贵之者,是贵天下之本也。古者先王分割而等异之也②,故使或美,或恶,或厚,或薄,或佚乐,或劬劳③,非特以为淫泰夸丽之声,将以明仁之文,通仁之顺也。故为之雕琢刻镂、黼黻文章,使足以辨贵贱而已,不求其观;为之钟鼓管磬、琴瑟竽笙,使足以辨吉凶、合欢定和而已,不求其余;为之宫室台榭,使足以避燥湿、养德、辨轻重而已,不求其外。《诗》曰④:“雕琢其章,金玉其相,亹亹我王⑤,纲纪四方⑥。”此之谓也。

若夫重色而衣之⑦,重味而食之,重财物而制之,合天下而君之,非特以为淫泰也,固以为王天下,治万变,材万物⑧,养万民,兼制天下者,为莫若仁人之善也夫。故其知虑足以治之,其仁厚足以安之,其德音足以化之,得之则治,失之则乱。百姓诚赖其和也,故相率而为之劳苦以务佚之，以养其知也[9]；诚美其厚也，故为之出死断亡以覆救之，以养其厚也；诚美其德也，故为之雕琢刻镂、黼黻文章以藩饰之[10]，以养其德也。故仁人在上，百姓贵之如帝，亲之如父母，为之出死断亡而愉者，无它故焉，其所是焉诚美，其所得焉诚大，其所利焉诚多也。《诗》曰[11]："我任我辇，我车我牛，我行既集，盖云归哉[12]！"此之谓也。

【注释】

①枢要：关键，中心。②等异：有等级差异。③劬（qú）劳：过度的劳累。④《诗》：指《诗经·大雅·棫朴》。⑤亹亹（wěi）：勤勉的样子。⑥纲纪：治理的意思。⑦重（chóng）：多种。下两句同。⑧材：通"裁"。⑨知：通"智"。⑩藩饰：指穿戴装饰。⑪《诗》：指《诗经·小雅·黍苗》。⑫盖：通"盍"，何不。

故曰："君子以德，小人以力；力者，德之役也。"百姓之力，待之而后功[1]；百姓之群，待之而后和；百姓之财，待之而后聚；百姓之势，待之而后安；百姓之寿，待之而后长。父子不得不亲，兄弟不得不顺，男女不得不欢。少者以长，老者以养。故曰："天地生之，圣人成之。"此之谓也。

今之世而不然，厚刀布之敛以夺之财[2]，重田野之税以夺之食，苛关市之征以难其事。不然而已矣，有掎挈伺诈[3]，权谋倾覆，以相颠倒，以靡敝之，百姓晓然皆知其汙漫暴乱而将大危亡也。是以臣或弑其君，下或杀其上，粥其城[4]，倍其节[5]，而不死其事者，无它故焉，人主自取之也。《诗》曰[6]：“无言不雠[7]，无德不报。”此之谓也。

【注释】

① 之：指君子之德。② 刀布：都是古代的钱币，这里泛指钱财。③ 掎挈（jǐ qiè）：挑剔、指摘。④ 粥（yù）：同“鬻”，卖。⑤ 倍：通“背”，背叛。⑥《诗》：指《诗经·大雅·抑》。⑦ 雠（chóu）：应答。

兼足天下之道在明分。掩地表亩，刺屮殖谷[1]，多粪肥田，是农夫众庶之事也。守时力民，进事长功，和齐百姓，使人不偷，是将率之事也[2]。高者不旱，下者不水，寒暑和节，而五谷以时孰[3]，是天之事也[4]。若夫兼而覆之，兼而爱之，兼而制之，岁虽凶败水旱，使百姓无冻餧之患[5]，则是圣君贤相之事也。

墨子之言昭昭然为天下忧不足。夫不足，非天下之公患也，特墨子之私忧过计也。今是土之生五谷也，人善治之，则亩数盆[6]，一岁而再获之；然后瓜桃枣李一本数以盆鼓，然后荤菜百疏以泽量[7]，然后六畜禽兽一而剸车[8]，鼋鼍、鱼鳖、鳅鳣以时别一而成群，然后飞鸟、凫雁若烟海，然后昆虫万物生其间，可以相食养者不可胜数也。夫天地之生万物也固有余，足以食人矣；麻葛、茧丝、鸟兽之羽毛齿革也固有余，足以衣人矣。夫不足[9]，非天下之公患也，特墨子之私忧过计也。

【注释】

① 刺屮：除草。屮，古“草”字。② 率：通“帅”。③ 孰：通“熟”。④ 天之事：原作“天下之事”，衍“下”字。⑤ 餧：同“馁”(něi)，饥饿。⑥ 盆：古代量具。⑦ 荤菜：指葱、姜、蒜之类。疏：通“蔬”。⑧ 剸(zhuān)：通“专”，占满。⑨ 夫不足：原“不足”上衍“有余”二字。

天下之公患，乱伤之也。胡不尝试相与求乱之者谁也？我以墨子之“非乐”也[1]，则使天下乱；墨子之“节用”也，则使天下贫；非将堕之也[2]，说不免焉。墨子大有天下，小有一国，将蹙然衣粗食恶[3]，忧戚而非乐。若是则瘠[4]，瘠则不足欲，不足欲则赏不行。墨子大有天下，小有一国，将少人徒，省官职，上功劳苦，与百姓均事业，齐功劳，若是则不威，不威则罚不行。赏不行，则贤者不可得而进也；罚不行，则不肖者不可得而退也。贤者不可得而进也，不肖者不可得而退也，则能不能不可得而官也。若是则万物失宜，事变失应，上失天时，下失地利，中失人和，天下敖然[5]，若烧若焦；墨子虽为之衣褐带索，啜菽饮水[6]，恶能足之乎！既以伐其本，竭其原，而焦天下矣。

【注释】

① 非乐：反对音乐。这是墨子的一个重要主张。《墨

子》一书有《非乐》篇。② 堕：通“隳”，诋毁。③ 蹙(cù)然：忧愁的样子。④ 瘠：指生活待遇菲薄。⑤ 敖：通“熬”。⑥ 啜(chuò)：吃。

故先王圣人为之不然，知夫为人主上者不美不饰之不足以一民也，不富不厚之不足以管天下也，不威不强之不足以禁暴胜悍也。故必将撞大钟、击鸣鼓、吹笙竽、弹琴瑟，以塞其耳；必将錭琢刻镂、黼黻文章①，以塞其目；必将刍豢稻粱②、五味芬芳，以塞其口；然后众人徒、备官职、渐庆赏、严刑罚，以戒其心。使天下生民之属，皆知己之所愿欲之举在是于也，故其赏行；皆知己之所畏恐之举在是于也，故其罚威。赏行罚威，则贤者可得而进也，不肖者可得而退也，能不能可得而官也。若是则万物得宜，事变得应，上得天时，下得地利，中得人和，则财货浑浑如泉源③，汸汸如河海④，暴暴如丘山⑤，不时焚烧，无所藏之，夫天下何患乎不足也。故儒术诚行，则天下大而富⑥，使而功，撞钟击鼓而和。《诗》曰⑦：“钟鼓喤喤⑧，管磬玱玱⑨，降福穰穰⑩，降福简简⑪，威仪反反⑫。既醉既饱，福禄来反⑬。”此之谓也。故墨术诚行，则天下尚俭而弥贫，非斗而日争，劳苦顿萃而愈无功⑭，愀然忧戚非乐而日不和。《诗》曰⑮：“天方荐瘥⑯，丧乱弘多。民言无嘉，憯莫惩嗟⑰。”此之谓也。

【注释】

① 錭：同“雕”。② 刍豢(chú huàn)：泛指家畜。③ 浑

浑：水流的样子。④ 汸汸（pāng）：水多的样子。⑤ 暴暴：突起的样子。⑥ 大：同“泰”，安定。⑦《诗》：指《诗经·周颂·执竞》。⑧ 喤喤（huáng）：形容钟鼓的声音。⑨ 玱玱（qiāng）：形容管磬的声音。⑩ 穰穰（ráng）：丰盛的意思。⑪ 简简：大的意思。⑫ 反反：慎重的意思。⑬ 反：同“返”。⑭ 顿萃：困顿憔悴。⑮《诗》：指《诗经·小雅·节南山》。⑯ 荐（jiàn）：屡。瘥（cuó）：疾病。⑰ 憯（cǎn）：曾。惩：戒止，停止。

垂事养民，拊循之，呕呕之[①]，冬日则为之饘粥[②]，夏日则与之瓜麩[③]，以偷取少顷之誉焉，是偷道也。可以少顷得奸民之誉，然而非长久之道也；事必不就，功必不立，是奸治者也。僡然要时务民[④]，进事长功，轻非誉而恬失民，事进矣而百姓疾之，是又不可偷偏者也。徙坏堕落，必反无功。故垂事养誉，不可；以遂功而忘民[⑤]，亦不可：皆奸道也。

故古人为之不然。使民夏不宛暍[⑥]，冬不冻寒，急不伤力，缓不后时，事成功立，上下俱富。而百姓皆爱其上，人归之如流水，亲之欢如父母，为之出死断亡而愉者，无它故焉，忠信调和均辨之至也[⑦]。故君国长民者，欲趋时遂功，则和调累解[⑧]，速乎急疾；忠信均辨，说乎赏庆矣；必先修正其在我者，然后徐责其在人者，威乎刑罚。三德者诚乎上，则下应之如景响[⑨]，虽欲无明达，得乎哉！《书》曰[⑩]：“乃大明服，惟民其力懋[⑪]，和而有疾。”此之谓也。

【注释】

① 哇(wā)呕：作小儿语声以示慈爱。② 饘(zhān)：稠粥。③ 麮(qù)：大麦粥。④ 僧：通“嘈”，嘈杂纷乱。⑤ 遂：成。⑥ 宛：通“蕴”，暑气。暍(hè)：受热，中暑。⑦ 辨：通“遍”。⑧ 累解：宽缓。⑨ 景(yǐng)：“影”的本字。响：回声。⑩《书》：指《尚书·康诰》。⑪ 惟：语助词。懋(mào)：勤勉。

故不教而诛，则刑繁而邪不胜；教而不诛，则奸民不惩；诛而不赏，则勤励之民不劝；诛赏而不类，则下疑俗俭而百姓不一[①]。故先王明礼义以壹之；致忠信以爱之；尚贤使能以次之；爵服庆赏以申重之；时其事，轻其任，以调齐之[②]；潢然兼覆之，养长之，如保赤子[③]。若是，故奸邪不作，盗贼不起，而化善者劝勉矣。是何邪？则其道易，其塞固，其政令一，其防表明[④]。故曰：上一则下一矣，上二则下二矣；辟之若草木[⑤]，枝叶必类本。此之谓也。

不利而利之，不如利而后利之之利也。不爱而用之，不如爱而后用之之功也。利而后利之，不如利而不利者之利也。爱而后用之，不如爱而不用者之功也。利而不利也、爱而不用也者，取天下者也。利而后利之，爱而后用之者，保社稷者也。不利而利之，不爱而用之者，危国家者也。

【注释】

① 俭：通“险”。② 齐：通“济”。③ 赤子：初生的婴儿。

④ 防表：标准，指禁令等规定。⑤ 辟：通“譬”。

观国之治乱臧否①，至于疆易而端已见矣②。其候徼支缭③，其竟关之政尽察④，是乱国已。入其境，其田畴秽，都邑露⑤，是贪主已⑥。观其朝廷，则其贵者不贤；观其官职，则其治者不能；观其便嬖⑦，则其信者不悫⑧，是暗主已。凡主相臣下百吏之属⑨，其于货财取与计数也，顺孰尽察⑩；其礼义节奏也，芒轫僈楛⑪，是辱国已。其耕者乐田，其战士安难，其百吏好法，其朝廷隆礼，其卿相调议⑫，是治国已。观其朝廷，则其贵者贤；观其官职，则其治者能；观其便嬖，则其信者悫，是明主已。凡主相臣下百吏之属，其于货财取与计数也，宽饶简易⑬；其于礼义节奏也，陵谨尽察⑭，是荣国已。贤齐则其亲者先贵；能齐则其故者先官；其臣下百吏，污者皆化而修⑮，悍者皆化而愿，躁者皆化而悫，是明主之功已。

【注释】

① 臧（zāng）否（pǐ）：好坏。② 易（yì）：通“埸”，疆界。端：端倪，苗头。③ 候：斥候，哨兵。徼（jiǎo）：巡逻。④ 竟：通“境”。⑤ 露：败坏。⑥ 已：通“矣”。⑦ 便嬖（bì）：君主所宠爱亲近的小臣。⑧ 悫（què）：诚实。⑨ 属：原误作“俗”。⑩ 顺：原误作“须”。⑪ 芒：通“茫”。轫（rèn）：懒散。僈：通“慢”，轻忽。楛（kǔ）：粗劣。⑫ 调议：议论协调。⑬ 宽饶：宽大，宽松。⑭ 陵：严明。⑮ 修：指变好、变得廉洁。

观国之强弱贫富有征验：上不隆礼则兵弱，上不爱民则兵弱，已诺不信则兵弱，庆赏不渐则兵弱，将率不能则兵弱。上好功则国贫，上好利则国贫，士大夫众则国贫，工商众则国贫。无制数度量则国贫。下贫则上贫，下富则上富。故田野县鄙者财之本也，垣窌仓廪者财之末也①；百姓时和、事业得叙者货之源也，等赋府库者货之流也。故明君必谨养其和，节其流，开其源，而时斟酌焉，潢然使天下必有余，而上不忧不足。如是，则上下俱富，交无所藏之②，是知国计之极也。故禹十年水，汤七年旱，而天下无菜色者；十年之后，年谷复熟，而陈积有余，是无它故焉，知本末源流之谓也。故田野荒而仓廪实，百姓虚而府库满，夫是之谓国蹶③。伐其本，竭其源，而并之其末，然而主相不知恶也，则其倾覆灭亡可立而待也。以国持之而不足以容其身，夫是之谓至贪，是愚主之极也。将以求富而丧其国，将以求利而危其身，古有万国，今无十数焉，是无它故焉，其所以失之一也。君人者，亦可以觉矣。

【注释】

① 垣（yuán）：矮墙。窌（jiào）：地窖。② 交：相互。③ 蹶：倾覆。

百里之国，足以独立矣。凡攻人者，非以为名，则案以为利也，不然则忿之也。仁人之用国，将修志意，正身行，伉隆高①，致忠信，期文理②。布衣紃屦之士诚是③，则虽在穷阎漏屋，而王公不能与之争名，以国载之，则天下莫之能隐匿也。若是，则为名者不攻也。将辟田野，实仓廪，便备用，上下一心，三军同力，与之远举极战，则不可；境内之聚也保固，视可，午其军④，取其将，若拨麷⑤。彼得之不足以药伤补败；彼爱其爪牙，畏其仇敌。若是，则为利者不攻也。将修小大强弱之义以持慎之，礼节将甚文，珪璧将甚硕，货赂将甚厚，所以说之者必将雅文辨慧之君子也。彼苟有人意焉，夫谁能忿之！若是，则忿之者不攻也。为名者否，为利者否，为忿者否，则国安于盘石⑥，寿于旗翼⑦。人皆乱，我独治；人皆危，我独安；人皆失丧之，我案起而制之。故仁人之用国，非特将持其有而已也，又将兼人。《诗》曰⑧："淑人君子，其仪不忒⑨；其仪不忒，正是四国⑩。"此之谓也。

【注释】

① 伉：通"亢"，极。隆高：敬重、尊崇。② 期：通"綦"，极。③ 紃（xún）屦（jù）：用粗麻绳编成的鞋。④ 午：通"迕"，相遇。⑤ 麷（fēng）：蒲草。⑥ 盘石：即磐石。⑦ 旗：通"箕"，二十八星宿之一。翼：二十八星宿之一。⑧《诗》：指《诗经·曹风·尸鸠》。⑨ 忒（tè）：差错。⑩ 正：通"征"，征服。

持国之难易：事强暴之国难，使强暴之国事我易。事之以货宝，则货宝单而交不结①；约信盟誓，则约定而畔无日[2]；割国之锱铢以赂之[3]，则割定而欲无厌[4]。事之弥顺，其侵人愈甚，必至于资单、国举然后已，虽左尧而右舜，未有能以此道得免焉者也。辟之是犹使处女婴宝珠、佩宝玉[5]，负戴黄金，而遇中山之盗也，虽为之逢蒙视[6]，诎要桡腘[7]，若卢屋妾[8]，由将不足以免也[9]。故非有一人之道也，直将巧繁拜请而畏事之[10]，则不足以为持国安身。故明君不道也。必将修礼以齐朝，正法以齐官，平政以齐民，然后节奏齐于朝，百事齐于官，众庶齐于下。如是，则近者竞亲，远方致愿，上下一心，三军同力；名声足以暴炙之[11]，威强足以捶笞之，拱揖指挥，而强暴之国莫不趋使，譬之是犹乌获与焦侥搏也[12]。故曰，事强暴之国难，使强暴之国事我易。此之谓也。

【注释】

① 单：通“殚”，竭尽。② 畔：通“叛”。③ 锱铢（zī zhū）：锱和铢都是古代极小的计量单位。这里比喻少量的国土。④ 厌（yàn）：满足。⑤ 辟：通“譬”。婴：缠绕，系在颈子上。后来写作“缨”。⑥ 逢蒙视：斜视，不敢正眼看。⑦ 诎（qū）：通“屈”，弯曲。要：通“腰”。桡（ráo）：曲。腘（guó）：膝部的后面。⑧ 若：原误为“君”。⑨ 由：通“犹”。⑩ 繁：通“敏”。⑪ 暴：同“曝”，曝晒。⑫ 乌获：传说为秦国的大力士。

【翻译】

万物同处于自然界中而形体各异，没有固定的适宜性却为人类所利用，这是自然的道理。人类共同生活，有同样的需求，但满足需求的方法不同；有同样的欲望，但实现欲望的智力有别，这是人的本性啊。

人们对于事物都有自己肯定的看法，这一点智者和愚者是相同的；但是所肯定的事物不一样，这样智者和愚者就区别开了。如果权势相同而智力不同，谋取私利而没有灾祸，放纵情欲而不受限制，那么人们都将竞相争夺而无法劝解了。这样，智者就没法去治理了；智者不能去治理，就不能成就功业名望。不能成就功业名望，人群就没有等级差别；人群没有等级差别，君臣关系就没法确立。没有人君来管理大臣，没有上层来统治人民，天下人就会妨害性情，放纵私欲。人们对东西的贪欲和憎恶是一致的，欲望多而东西少，东西少就必然产生争斗了。所以一个人的日常生活要靠各行各业制成的物品来维持。而一个人的能力不可能兼通多种技艺，一个人也不能兼管多种事情；人若离群独居而不互相依靠就会走投无路；而共同生活却没有等级区别就会互相争斗。走投无路是祸患，互相争斗是灾难。解除祸患、消除灾难的最好办法是明确等级区别，使民众生活在一起。强者威胁弱者，智者恐吓愚者，百姓违背君王，年少欺负年长，不以仁义道德来处理政事，这样，老人和弱者就会有无人供养的担忧，而身强力壮的就会有分离争斗的灾祸了。干事情是人们所厌恶的，贪功利是人们所喜欢的，而人们的职业又没有分工，这样，人们就有建树不起事业的忧患，还会有争夺功利的灾难了。男女的结合，夫妇的名分，以及婚姻嫁娶的各种仪式不按礼仪规范去做，这样，人们就有失掉夫妇结合的担忧，而产生争夺女色的灾祸了。所以智者为此才规定了名分制度。

使国家富足的途径是，节约费用，使人民宽裕，而妥善贮藏多余的财物。要按礼的要求节约费用，施各种仁政使百姓宽裕。节约费用才有剩余，实行裕民政策才能民众富足；民众富足就会土地肥沃而治理得好；土地肥沃而进行治理，就会生产出百倍的粮食来。君王按法令规定收税，百姓按礼义规定节约使用。这样的话，剩余的粮食就会堆成山，不按时烧掉一些，就会多得没有地方贮藏了。君子哪里还用得着担忧没有剩余呢！所以懂得节约财富让百姓富足，就必然会获得仁义、圣良的美名，而且财富也会堆积如山。这没有其他原因，就在于节约财富，使百姓富足。不懂得节约财富使百姓富足，就会使百姓贫穷，百姓贫穷就会田地贫瘠而荒芜，田地贫瘠荒芜，就会使粮食产量不到平时的一半。君王即使拼命索取掠夺，也还是所得无几；如果又不按礼义去节约使用，就一定会落得个贪财榨取的恶名，而实际上空虚穷乏，一无所获。这没有其他原因，就是因为不懂得节约财富、使百姓富足的道理。《康诰》上说："上天广阔地覆盖着万物，顺乎其德，就能使你富裕。"说的就是这个道理。

所谓礼，就是贵贱有等级，长幼有差别，贫富和地位高低有相应的规定。所以天子穿红色的龙服，戴礼帽，诸侯穿黑色的龙服，戴礼帽，大夫穿次等的礼服，戴礼帽，士戴白鹿皮的帽子，穿士的衣服。德行一定要和职位相称，职位一定要和俸禄相称，俸禄一定要和任用相称。从士往上的官吏必须用礼乐去调节他们，民众百姓就必须用法度去制约他们。根据土地的大小来封国，根据获利的多少来畜养人民，根据人力的多少来分派徭役。使百姓都能胜任事务，使各项事情都能收益，这种收益要足以养活百姓，使百姓的衣食费用的支出和收入相等，一定要及时贮藏剩余的财物，这就叫做合乎法度。因此从天子直到老百姓，事情无论大小、无论多少，都要依此类推。所以说："朝廷上没有侥幸得到的官位，百姓中没有侥幸偷懒的人。"说的就是这个道理。

减轻田地的赋税，减少关卡集市的征税，减少商人的数量，少征劳役，不占农时，这样国家就富强了。这叫做利用政令使人民富裕。

人要生存，不能无群。有群而没有等级区分就要争斗，争斗就引起混乱，混乱就要困顿不堪了。所以没有等级区别，是人类的大祸害；有等级区别，是人类的根本利益；人君，正是掌握这种等级划分的关键人物。所以，赞美君王就是赞美天下的根本；维护君王就是维护天下的根本；尊崇君王就是尊崇天下的根本。古代的帝王划分等级使人们有差别，使他们有的地位高贵，有的地位低下，有的待遇丰厚，有的待遇微薄，有的安逸快乐，有的辛勤劳苦，这不是特意制造荒淫、骄恣、奢侈和华丽，而是为了明确礼的规定，贯彻礼的次序。所以在各种器具上雕刻花纹，在衣服上缝制华美的文饰，只是为了区别贵贱罢了，并不是为了美观；制造钟鼓管磬、琴瑟竽笙等各种乐器，只是为了分辨吉凶、嫁娶，达到和谐融洽罢了，并不是为了别的；建造宫室台榭，只是为了避免燥热和潮湿、陶冶德性、区分尊卑罢了，并不是为了别的。《诗经》上说："在金玉上雕琢花纹啊，灿烂辉煌。我们勤勤勉勉的君王啊，统帅四方。"说的就是这个道理。

至于让君王穿上颜色华美的衣服，吃上丰盛的佳肴，占有大量的财物，统治整个天下，并不是为了荒淫骄奢，而是为了统一天下，治理万变，利用万物，供养万民，使天下都得到利益；所有这些，没有比仁人做得再好的了。仁人的智慧足以治理天下，他的仁义足以安抚天下，他的德操足以教化天下，有了这样的仁人天下就会安定，没有这样的仁人天下就要混乱。百姓确实依赖他的智慧，所以共同来为他劳作，力求使他安逸，以培养他的智慧；百姓确实赞美他的仁义，所以出生入死去保卫他，以培养他的仁义；百姓确实赞美他的德行，所以为他雕花绘画，制作华美的衣服来装扮他，以培养他的品德。所以仁人当政，百姓尊重他象尊重上帝一样，亲近他就象亲近父母一样，为他出生入死而心甘情愿，这没有别的原因，而是因为他们所拥护的主张确实是美好的，他们所得到的好处确实是巨大的，他们所受益的东西确实是很多的。《诗经》上说："我背东西我拉车，我赶车子我牵牛，我的行装整理好，何不归附仁人去！"说的就是这种情景。

所以说："君子靠德行，小人靠力气。力气是受德行役使的。"百姓的力气，靠君子的德行支配才能有成效；百姓的群居，靠君子的德行教化才能和睦；百姓的财物，靠君子的德行引导才能聚集；百姓的处境，靠君子的德行帮助才能安定；百姓的寿命，靠君子的德行保护才能延长。父子之间得不到君子德行的教化就不会有真正的亲爱，兄弟之间得不到君子德行的教化就不会有真正的和气，男女之间得不到君子德行的教化就不会有真正的欢乐。年轻人靠君子德行的教化而成长，老年人靠君子德行的教化而得到供养。所以说:“天地生育了百姓,圣人教养了百姓。”说的就是这个道理。

现在的世道却不是这样,加剧收敛钱财来掠夺百姓的财物,加重田亩的赋税来掠夺百姓的粮食,苛刻征收关市的税金来阻碍百姓的贸易。不仅如此,又故意挑剔,伺机欺诈,玩弄权术,图谋陷害,欺压百姓,并困扰他们;老百姓都清楚地知道君王的污秽、残暴和淫乱,将给国家带来大灾难;所以有的大臣杀了君王,有的下级杀了上级,或者出卖城池,背叛节操,而不肯为君王战死,这没有别的原因,只能说是君王咎由自取。《诗经》上说:“没有说话而无回答,没有施德而不报恩。”说的就是这个意思。

使整个天下都富足的途径在于明确人们的职分。翻耕土地,标明疆界,清除杂草,种植谷物,多施粪灰,肥沃田地,这是农夫百姓的工作。遵守时节,督促生产,推进农事,提高功效,使百姓和睦,使人们不偷懒,这是将帅的职责。高地不干旱,洼地不积水,寒暑协调,而五谷庄稼按时成熟,这是老天爷的事情。至于对老百姓广为照顾,全面爱护,普遍治理,即使遇上水旱荒年,也能使百姓没有受冻挨饿的灾难,这是圣君贤相的事情。

墨子的言论,明明是在为天下担忧财物不足。说到财物不足,这并不是天下的公患,只是墨子个人的过分忧虑罢了。现在土地生长五谷,人要是好好治理,每亩地就可生产几盆粮食,一年可收两季庄稼。此外,瓜、桃、枣、李每一棵的产量都可以按盆计量;各种蔬菜种满了水泽洼地;再加上猪、马、牛、羊、鸡、狗六畜和飞禽走兽,每一种都能装满一车;鼋、鼍、鱼、鳖、鳅、鳝等按时产卵繁殖,每一种都可能繁衍成群;飞鸟、野鸭和大雁等多如烟海,还有昆虫等万种生物到处生长,可以供人食用的东西多得没法计数,自然界产出的万物,本来就是绰绰有余,足以供人类食用的;麻葛、茧丝、鸟兽的羽毛、牙齿、皮革等,也是本来就绰绰有余,足以供人类穿戴的。所以说到财物不足,并不是天下的公患,只是墨子个人的过分忧虑罢了。

天下的公患,是由混乱造成的,为什么不试着共同来寻找一下是谁造成天下混乱的呢?我认为墨子的主张“非乐”,由此造成了天下的混乱;墨子主张“节用”,由此造成了天下的贫穷;这不是要诋毁墨子,而是根据他的学说必然会得出的结论。如果让墨子大到统治天下,小到统治一国,人们必将愁眉苦脸,穿粗衣,吃劣食,忧郁悲伤而反对音乐。这样就会生活困乏,生活困乏就不能满足欲望,欲望得不到满足,论功行赏就不能实行。如果墨子大到统治天下,小到占有一国,必将减少侍从,削减官职,崇尚事功和劳苦,和百姓一同工作、一同操劳。这样做就会没有威严,而没有威严,按罪惩罚就不能实行。论功行赏不能实行,贤能的人就不可能得到任用;按罪惩罚不能实行,不贤能的人就不可能被斥退。贤能的人不能得到提拔,不贤能的人不能被罢免,那么有能力的人和没有能力的人就不能得到量材使用。这样一来,万物就得不到合理利用,事故突变就得不到恰当处理,上失掉天时,下失掉地利,中失去人和,整个天下都受煎熬,象被火烧焦一样难受;墨子尽管自己穿粗布衣,系粗麻绳,吃粗粮,喝白水,又怎么能使老百姓富足呢!这就象砍断了树根,断绝了源泉,只能使天下变成一片焦土了。

所以古代君王和圣人不是这样做，他们知道做人民的君王自己不美化、不修饰，就不能统一民众，自己不富有、不丰裕就不能管理下民，自己不威严、不强壮就不能制止强暴、战胜凶悍。所以一定要撞击大钟、敲打响鼓，吹奏笙竽、弹奏琴瑟，来满足他的耳朵；一定要雕刻美丽的器具，制作华美的衣服，来满足他的眼睛；一定要吃丰盛的肉类和米饭，要有芬芳的调味，来满足他的嘴巴。还要侍从众多，官职完备，奖赏丰厚，刑罚严厉，来儆戒人心；使天下的百姓，都知道自己所渴望和追求的全在这里了，所以君王的奖赏就能实行；都知道自己所畏惧害怕的全在这里了，所以君王的惩罚就有威力。奖赏能够实行，惩罚发挥威力，那么贤能的人就能得到提拔，不贤能的人就可以被斥退，有能力与没有能力的人都得到恰当的任用。这样万物就会得到充分利用，事故突变就会应付自如，上得天时，下得地利，中得人和，于是财货就象泉源一样滚滚而来，象河海一样，浩浩荡荡，象山丘一样，突起高大，不按时进行焚烧，就无处收藏，那么天下又何必担忧不足呢！所以如果儒家的学说真正得到实行，就会天下太平而富足，役使百姓而有功效，敲击钟鼓一片和乐。《诗经》上说："钟鼓相和声喤喤，管磬互应响锵锵，天赐福禄无边长。天赐福禄多浩荡，威仪庄重而堂皇。既已酒足又饭饱，福禄永保绵绵长。"说的就是这个意思。所以墨家学说如果真的推行，那么天下就会崇尚俭朴而更加贫穷，反对争斗却一天天争斗加剧，辛苦憔悴却越来越没有功效，忧愁悲伤、反对音乐却更加不和。《诗经》上说："上天屡降灾殃，丧乱屡出不息。百姓没有好言，悲叹声音不止。"说的就是这种情形。

放弃大事而专养百姓，安抚他们，哄爱他们，冬天给他们稠粥，夏天给他们瓜菜麦粥，用来骗取暂时的美名，这是一种苟且的作法。可以暂时得到奸民的赞誉，却并不是长久的办法；事业必然不能成就，功名必然不能建立，这是奸邪的治国方法。忙乱地赶时间强迫百姓服劳役，急于促进事业提高功效，轻视百姓的毁誉，而安于丧失民心，事业虽有进展而百姓产生了怨恨，这又是一种苟且偏激的作法。采用败坏堕落的办法，必然反而无功。所以放弃功业，专求声誉，不行；为了完成功业而忘记百姓，也不行，这两者都是奸邪之道。

所以古人不这样做，他们使百姓夏天不伤暑气，冬天不受冻寒，紧急时不损筋力，松缓时不误时节，事业成就，功名建立，君王和百姓都富足；因而老百姓都爱戴他们的君王，人们归附他就象流水一样畅快，亲近他就象亲近父母一样高兴，为他出生入死而心甘情愿，这没有别的原因，就是因为君王非常忠信、舒和、公正。所以统治国家、领导人民的人，想要顺应时势建立功业，那么让人民舒和、宽缓，这比紧迫、急促的作法要见效快；忠信、公正的处理事情比奖赏还要让人喜欢；一定要首先自身端正，然后再和缓地去批评别人，这就比刑罚还要有威力。人君确实能体现这三种品德，下民就会象影之随形，回响之应和声音一样迅速响应，君王就是不想显赫通达，也是不行啊！《尚书》上说："人君非常圣明，百姓就会勤勉尽力，既和谐又迅速。"说的就是这个道理。

所以不进行教育而先惩罚，就会刑罚繁多，邪恶却刹不住；只教育而没有惩罚，奸邪的人就得不到惩治；只惩罚而没有奖赏，勤劳的人就得不到鼓励；惩罚和奖赏不合法律，就会下民疑惑、风俗邪恶而百姓离心。所以先王申明礼义来协一百姓，表达忠信来爱护百姓；崇尚贤者，使用能人来安排他们；用爵位等级和奖赏来敦促他们；适时安排事务，减轻劳役，来调济他们；君王要恩泽浩大，普遍地照顾他们、抚养他们，就象保护婴儿一样。做到这些，就会奸邪不发生，盗贼不兴起，学好的人就得到鼓励了。这是什么原因呢？是由于先王引导为善的道路平易可行，杜塞为恶的办法坚实有力，政令统一，禁令明确。所以说：上面统一，下面就一致；上面政令不统一，下面就三心二意了。打个比方说：草木的枝叶必然是由它的根所决定的。说的就是这种情况。

不给百姓好处却从他们身上取利，不如先给他们好处而后从他们身上得到好处更为有利。不爱护百姓而使用他们，不如爱护他们然后使用他们更有成效。给百姓好处，然后向他们取利，不如给他们好处而不向他们索取更为有利。爱护他们然后使用他们，不如爱护他们而不使用他们更有成效。给百姓利益而不从他们身上取利，爱护百姓而不使用他们，这是夺取天下的做法。给百姓利益然后向他们索取，爱护百姓然后使用他们，这是保有国家的作法。不给百姓利益却从他们身上取利，不爱护百姓却使用他们，这是危害国家的作法。

看一个国家治还是乱，好还是坏，到它的边界就可看出苗头了。巡逻的哨兵来往不停，边境关卡的管理十分烦苛，这就是混乱的国家了。进入境内，田地荒芜，城市破敝，这就是贪婪的君王了。观察他的朝廷，尊贵的人不贤明;观察他的官吏,执政的人无才能;观察他的亲信,被信任的人不忠厚,这就是昏庸的君王了。凡是君王、宰相和文武百官,对于财物出入的计算,斤斤计较、反复审察;对于礼义制度却糊涂而又怠慢马虎,这就是受凌辱的国家了。如果农民乐于种田,战士甘愿赴难,百官爱好法令,朝廷崇尚礼义,卿相议论协调一致,这就是政治清明的国家了。观察他的朝廷,居高位的人贤明;观察他的官职,管政事的人胜任;观察他的亲信,被信任的人忠厚,这就是英明的君王了。凡是君王、宰相和文武百官,对于财物出入的计算,手续宽松简便;对于礼义制度严明谨慎,一丝不苟,这就是昌盛的国家了。凡是贤德相同的,就先提拔亲近的人,凡是能力相同的,就先任用有交情的人;他的大臣百官,污浊的都变得廉洁了,凶悍的都变得善良了,狡猾的都变得忠厚了,这是英明君王的功绩啊!

观察一个国家的强弱、贫富是有征兆的:君王不崇尚礼义,士兵就软弱;君王不爱护百姓,士兵就软弱;君王说话不守信用,士兵就软弱;奖赏不丰厚,士兵就软弱;将帅不贤能,士兵就软弱。君王好大喜功,国家就贫穷;君王贪图财利,国家就贫穷;士大夫人数众多,国家就贫穷;工人商人众多,国家就贫穷;使用财物没有制度和数量的限定,国家就贫穷。百姓贫穷君王就贫穷,百姓富裕君王就富裕。所以田野乡村是财富的根本,官府的货仓粮库是财富的末端。百姓按时劳作,生产有秩序地进行,这就是财富的源泉;按等差征收的赋税,贮藏财物的府库,都是财货的支流。所以英明的君王一定要谨慎处理源流关系,节制支流,开发源泉,及时加以调整,使天下的财物源源不断,富足有余，君王不用担忧财物不足了。这样一来，就会君王和百姓都富裕，上交来的财物多得无处可储藏，这是最懂得治国大计的。所以大禹时代有十年水灾，商汤时代有七年大旱，而天下百姓没有饥饿的脸色。十年之后，庄稼又丰收了，而陈积的粮食还有剩余，这没有别的原因，就是因为明白本与末、源与流的关系啊！所以如果田野荒芜而粮仓充实，百姓贫乏而府库溢满，这样的国家就要垮台了。砍伐生财的根本，枯竭生财的源泉，把财富都聚敛到府库里去，而君王大臣却不知道这样做的危害，那么国家很快就要颠覆灭亡了。用全国的财物供养他还不能使他满足，这叫做最大的贪婪，是最愚蠢的君王。本想追求富贵反而丧失了国家，本想追求财利反而危害了自身。古时候有上万个国家，现在只剩下十几个国家，这没有其他原因，他们之所以失败，都是因为贪得无厌啊！做人君的，也该觉醒了吧！

方圆百里的小国，完全可以独立。凡是进攻别国的，不是为了追求名声，就是为了贪图财利，要不然就是仇恨对方。仁人治理国家，就一定要培养意志，端正自身的行为，崇尚礼义，极尽忠信，严守法度。如果身着布衣，脚穿麻鞋的士人确实这样做了，就会尽管住在陋巷破屋里，而王公贵族却不能同他争名声，让他治国，就会名闻天下。这样的话，那些为了追求名声而战的国家就不会来攻打了。他必将开辟田野，充实仓库，准备好武器，上下一条心，三军同尽力，远征而来同他的国家苦战，是不能取胜的；境内城堡可靠坚固，再把握住有利的战机，迎击敌军，捉拿敌将，就象拔蒲草一样轻而易举。敌人得到的东西还不足以医治创伤、补救损失；敌人也爱护他们的勇士，害怕他们的仇敌。这样一来，那些为了追求财利而战的国家就不会来攻打了。仁人治理国家，必将慎重对待大小、强弱之间的关系，礼节要非常周到，奉送的珪璧等礼品要硕大，贡献的财物要丰厚，派出的使者必定是文词优雅，能言善辩的君子。对方假如有点人情味，怎么还能愤恨呢！这样一来，那些为了泄愤而战的国家就不来攻打了。为了名声的不来攻打，为了财利的不来攻打，为了泄愤的不来攻打，国家就会象磐石一样安稳，寿命就会象天上的箕宿翼宿一样长久。别国都乱了，唯独我国治理好了；别国都危险了，唯独我国安定；别国都衰败了，我国却勃然兴起去征服他们。所以仁人治国，不仅能维持自己的国家，还能够兼治别国。《诗经》上说："善良的君子，威仪无差错；威仪无差错，可以正四国。"说的就是这个意思。

关于统治国家的难易问题：侍奉强暴的国家难，让强暴的国家侍奉我容易。用货物财宝去侍奉敌国，就会货物财宝用光了，也建立不了友好关系；和敌国订立盟约，刚刚订好协约，他马上就会背叛；割让国土去贿赂敌国，割地之后还满足不了他的欲望。侍奉敌国越恭顺，敌国侵入就越厉害，一定要到了物资用尽，国土割光，才算完结。就是左边有尧，右边有舜来辅佐治国，也不能采用这种办法来免除灾难啊！打个比方说，这就好象让姑娘脖子上缠着珠宝，身上佩带着宝玉，头上装饰着黄金的饰物，遇到了山中强盗，即使她不敢正眼看强盗一眼，弯腰屈膝，象草屋里住的婢妾一样，还是不能免于遭难的。所以没有让人民团结一心的治国办法，只靠好言好语恭请敌国而提心吊胆侍奉它，就不能够保住国家、保全自身。所以英明的君王是不这样做的。他必将实行礼义来统理朝政，修正法令来统理百官，平定政事来统理百姓，然后做到朝廷礼义严明，官吏各司其职，百姓齐心协力。这样的话，邻国就会争着来亲近，远处的国家也会表达诚意，君民上下一条心，三军同尽力；名声之大，足以威慑天下，强大的国力足以镇服天下，从容安舒，发号施令，而强暴的国家没有不听从驱使的，就象大力士乌获和侏儒搏斗一样轻而易举。所以说：侍奉强暴的国家难，让强暴的国家侍奉我容易。说的就是这个道理啊！

议　兵(节选)

这是荀况论述军事问题的一篇论文。通过和临武君、陈嚣、李斯等人辩论,全面表达了荀子的军事思想和一整套的战略原则。荀子认为"善用兵者,在乎善附民",战争的胜负取决于民心,在政治上争取民心,才能夺取天下。在治军问题上,荀子强调把礼义作为军队建设的"本统",提出了一系列任用统帅、选拔将才以及将兵之道等军事原则和策略,并主张以法治军、赏罚分明,加强军队纪律。这些见解是研究我国古代军事思想史的可贵资料。至于荀子过分强调"仁义"的作用,反对"变诈",则是儒家的传统思想,反映了他的局限性。《议兵》全文较长,这里选译了原文前面几段荀子和临武君议论军事的文字。

临武君与孙卿子议兵于赵孝成王前①。王曰:"请问兵要?"

临武君对曰:"上得天时,下得地利,观敌之变动,后之发,先之至,此用兵之要术也。"

孙卿子曰："不然。臣所闻古之道，凡用兵攻战之本在乎壹民。弓矢不调，则羿不能以中微②；六马不和③，则造父不能以致远；士民不亲附，则汤、武不能以必胜也。故善附民者，是乃善用兵者也。故兵要在乎善附民而已。"

临武君曰："不然。兵之所贵者势利也。所行者变诈也。善用兵者，感忽悠暗④，莫知其所从出，孙、吴用之无敌于天下⑤，岂必待附民哉？"

【注释】

① 临武君：战国时楚将。孙卿子：即荀卿，荀子。赵孝成王：名丹，赵惠文王的儿子，公元前 265 年—前 245 年在位。② 羿：神话传说中的善射者。③ 六马：古代帝王的车驾用六匹马。④ 感忽：行动快速。悠暗：神秘难测的意思。⑤ 孙：孙武，春秋时齐国人，吴王阖闾将。吴：吴起，战国时卫国人，魏武侯将。

孙卿子曰："不然。臣之所道，仁人之兵，王者之志也。君之所贵，权谋势利也；所行，攻夺变诈也，诸侯之事也。仁人之兵，不可诈也；彼可诈者，怠慢者也，路亶者也①，君臣上下之间涣然有离德者也。故以桀诈桀，犹巧拙有幸焉。以桀诈尧，譬之若以卵投石，以指挠沸②；若赴水火，入焉焦没耳！故仁人上下、百将一心，三军同力；臣之于君也，下之于上也，若子之事父，弟之事兄，若手臂之扞头目而覆胸腹也③。诈而袭之与先惊而后击之一也。且仁人之用十里之国，则将有百里之听；用百里之国，则将有千里之听；用千里之国，则将有四海之听；必将聪明警戒和传而一④。故仁人之兵，聚则成卒，散则成列；延则若莫邪之长刃⑤，婴之者断⑥；兑则若莫邪之利锋⑦，当之者溃；圜居而方止⑧，则若盘石然⑨，触之者角摧⑩，案鹿埵陇种东笼而退耳⑪！且夫暴国之君，将谁与至哉？彼其所与至者，必其民也，而其民之亲我欢若父母，其好我芬若椒、兰，彼反顾其上，则若灼黥⑫，若仇雠。人之情，虽桀、跖⑬，岂又肯为其所恶贼其所好者哉！是犹使人之子孙自贼其父母也，彼必将来告之，夫又何可诈也！故仁人用，国日明，诸侯先顺者安，后顺者危，虑敌之者削，反之者亡。《诗》曰⑭："武王载发⑮，有虔秉钺⑯；如火烈烈，则莫我敢遏⑰。"此之谓也。

【注释】

① 路亶(dàn)：疲弱无力。② 挠：搅动。③ 扞：同"捍"，保卫。④ 传：通"专"，专一。⑤ 莫邪(yé)：古代有名的利剑。⑥ 婴(yīng)：通"撄"，触犯。⑦ 兑：通"锐"，锐利。⑧ 圜(huán)：圆，指军队的阵形。方：也指阵形。⑨ 盘石：即磐石。⑩ 角摧：摧折，折断。⑪ 案：语助词。鹿埵(duǒ)、陇种、东笼，都是古代方言，溃败披靡的样子。原文"案"字后衍"角"字。⑫ 灼黥(qíng)：指受黥刑的人。⑬ 桀、跖：见前注。⑭《诗》：指《诗经・商颂・长发》。⑮ 武王：指商汤。载发：始发。⑯ 虔(qián)：恭敬。钺(yuè)：大斧。⑰ 遏(è)：阻止。

孝成王、临武君曰："善！请问王者之兵设何道、何行而可？"

孙卿子曰："凡在大王，将率末事也[①]，臣请遂道王者、诸侯强弱存亡之效，安危之势。君贤者其国治，君不能者其国乱；隆礼、贵义者其国治，简礼、贱义者其国乱。治者强，乱者弱，是强弱之本也。上足卬则下可用也[②]，上不足卬则下不可用也；下可用则强，下不可用则弱，是强弱之常也。隆礼、效功，上也；重禄、贵节，次也；上功、贱节，下也，是强弱之凡也。好士者强，不好士者弱；爱民者强，不爱民者弱；政令信者强，政令不信者弱；民齐者强[③]，民不齐者弱；赏重者强，赏轻者弱；刑威者强，刑侮者弱；械用兵革攻完便利者强，械用兵革窳楛不便利者弱[④]；重用兵者强，轻用兵者弱；权出一者强，权出二者弱；是强弱之常也。齐人隆技击[⑤]，其技也，得一首者，则赐赎锱金，无本赏矣[⑥]。是事小敌毳则偷可用也[⑦]，事大敌坚则涣焉离耳，若飞鸟然，倾侧反覆无日，是亡国之兵也，兵莫弱是矣，是其去赁市佣而战之几矣[⑧]。魏氏之武卒，以度取之，衣三属之甲，操十二石之弩[⑨]，负服矢五十个[⑩]，置戈其上，冠胄带剑[⑪]，赢三日之粮[⑫]，日中而趋百里。中试则复其户，利其田宅。是数年而衰，而未可夺也，改造则不易周也，是故地虽大，其税必寡，是危国之兵也。秦人其生民也陿阸[⑬]，其使民也酷烈，劫之以势，隐之以阸[⑭]，忸之以庆赏[⑮]，鳅之以刑罚[⑯]，使天下之民所以要利于上者[⑰]，非斗无由也；阸而用之，得而后功之，功赏相长也；五甲首而隶五家，是最为众强长久，多地以正[⑱]，故四世有胜[⑲]，非幸也，数也。

【注释】

① 率：通“帅”。② 卬（yǎng）：通“仰”。③ 齐：一致。④ 窳楛（yǔ kǔ）：器物粗劣，不坚固。⑤ 技击：击杀敌人的技巧。⑥ 锱（zī）：古时八两为一锱。本赏：指战争胜利后根据全军的战功所行人人均得之赏。至于斩得敌军首级，则以锱金赏之。“赐锱金无本赏”，即战后只按所获首级论赏。⑦ 毳（cuì）：通“脆”，脆弱。⑧ 赁（lìn）：出租。⑨ 石（dàn）：古代重量单位，一百二十斤为一石。⑩ 服：通“箙”（fú）。盛箭的器具。⑪ 胄：头盔。⑫ 赢：携带。⑬ 陿阸（xiá è）：狭隘。⑭ 隐：痛苦。⑮ 忸：同“狃”（niǔ），驯伏。⑯ 鰌：通“遒”，迫。⑰ “天”字衍，当删。要（yāo）利：求利。⑱ 正：通“征”。⑲ 四世：指秦孝公、秦惠文王、秦武王、秦昭襄王四代。

故齐之技击，不可以遇魏氏之武卒；魏氏之武卒，不可以遇秦之锐士；秦之锐士，不可以当桓、文之节制①；桓、文之节制，不可以敌汤、武之仁义。有遇之者，若以焦熬投石焉②。兼是数国者，皆干赏蹈利之兵也，佣徒鬻卖之道也，未有贵上、安制、綦节之理也；诸侯有能微妙之以节，则作而兼殆之耳！故招延募选③，隆势诈，尚功利，是渐之也；礼义教化，是齐之也。故以诈遇诈，犹有巧拙焉；以诈遇齐，辟之犹以锥刀堕太山也④，非天下之愚人莫敢试。故王者之兵不试。汤、武之诛桀、纣也，拱挹指麾⑤，而强暴之国莫不趋使，诛桀、纣若诛独夫。故《泰誓》曰⑥‘独夫纣’，此之谓也。故兵大齐则制天下，小齐则治邻敌[7]，若夫招延募选，隆势诈，尚功利之兵，则胜不胜无常，代翕代张[8]，代存代亡，相为雌雄耳矣，夫是之谓盗兵，君子不由也。故齐之田单、楚之庄蹻、秦之卫鞅、燕之缪虮[9]，是皆世俗之所谓善用兵者也，是其巧拙强弱则未有以相君也，若其道一也，未及和齐也；掎契司诈[10]，权谋倾覆，未免盗兵也。齐桓、晋文、楚庄、吴阖闾、越勾践是皆和齐之兵也[11]，可谓入其域矣，然而未有本统也；故可以霸而不可以王，是强弱之效也。”

【注释】

① 桓：齐桓公，春秋时齐国国君，姜姓，名小白。文：晋文公，春秋时晋国国君，名重耳。两人先后成为春秋时的霸主。② 焦熬投石：当作“以指焦熬，以卵投石”（用俞樾说）。焦熬，与上文“挠沸”义相同。焦，通“樵”，摸。③ 选：原误作“近”。下同。④ 太山：即泰山。⑤ 拱挹指麾：形容态度自若。拱，拱手。挹，通“揖”，作揖。麾（huī），同“挥”。⑥《泰誓》：《尚书》中的篇名。⑦ 治：通“殆”。⑧ 翕（xī）：敛缩，收敛。⑨ 田单：战国时齐将。庄蹻（jué）：战国时楚将。卫鞅：战国时卫人，原名公孙鞅，又称商鞅。缪虮（miào jǐ）：人名，未详。或疑是燕国大将乐毅。⑩ 掎（jǐ）：持。契：通“挈”（qiè 切）。司：通“伺”，伺机。⑪ 齐桓、晋文、楚庄、吴阖闾（hé lǘ）、越勾践：春秋时先后称霸的五个诸侯王。

孝成王、临武君曰：“善！请问为将。”

孙卿子曰："知莫大乎弃疑，行莫大乎无过，事莫大乎无悔。事至无悔而止矣，成不可必也。故制号政令，欲严以威；庆赏刑罚，欲必以信；处舍收臧①，欲周以固；徙举进退，欲安以重，欲疾以速；窥敌观变，欲潜以深，欲伍以参；遇敌决战，必道吾所明②，无道吾所疑；夫是之谓六术。无欲将而恶废③，无急胜而忘败，无威内而轻外，无见其利而不顾其害，凡虑事欲孰而用财欲泰④，夫是之谓五权。所以不受命于主有三：可杀而不可使处不完，可杀而不可使击不胜，可杀而不可使欺百姓，夫是之谓三至。凡受命于主而行三军，三军既定，百官得序，群物皆正，则主不能喜，敌不能怒，夫是之谓至臣。虑必先事而申之以敬，慎终如始，终始如一，夫是之谓大吉。凡百事之成也必在敬之，其败也必在慢之，故敬胜怠则吉，怠胜敬则灭，计胜欲则从⑤，欲胜计则凶。战如守，行如战，有功如幸。敬谋无圹⑥，敬事无圹，敬吏无圹，敬众无圹，敬敌无圹，夫是之谓五无圹。慎行此六术、五权、三至，而处之以恭敬无圹，夫是之谓天下之将，则通于神明矣。"

【注释】

① 臧：通"藏"。② 道：行。③ 恶（wù）：厌恶。废：指不被用。④ 孰：熟。⑤ 从：顺利。⑥ 圹（kuàng）：通"旷"，荒废，松懈。

临武君曰："善！请问王者之军制。"

孙卿子曰："将死鼓，御死辔①，百吏死职，士大夫死行列。闻鼓声而进，闻金声而退②，顺命为上，有功次之。令不进而进，犹令不退而退也，其罪惟均。不杀老弱，不猎禾稼③，服者不禽，格者不舍，奔命者不获。凡诛，非诛其百姓也，诛其乱百姓者也；百姓有扞其贼，则是亦贼也。以故顺刃者生，苏刃者死④，奔命者置⑤。微子开封于宋⑥；曹触龙断于军⑦；殷之服民所以养生之者也无异周人。故近者歌讴而乐之，远者竭蹶而趋之⑧，无幽闲辟陋之国，莫不趋使而安乐之，四海之内若一家，通达之属莫不从服，夫是之谓人师。《诗》曰⑨：'自西自东，自南自北，无思不服⑩。'此之谓也。王者有诛而无战，城守不攻，兵格不击。上下相喜则庆之。不屠城，不潜军，不留众，师不越时。故乱者乐其政，不安其上，欲其至也。"

临武君曰："善!"

……

【注释】

① 辔(pèi)：马缰绳。② 金声：指敲钲(zhēng)的声音。古代作战，击鼓表示进击；敲钲表示退兵。③ 猎：通"躐"(liè)，踏。④ 苏：通"傃"(sù)，向。⑤ 置：赦免。原误作"贡"，兹改正。⑥ 微子开：即微子启，纣王的庶兄。⑦ 曹触龙：纣王的将领。⑧ 蹶(jué)：倒，颠仆。⑨《诗》：指《诗经·大雅·文王有声》。⑩ 思：语助词。

【翻译】

临武君和荀卿在赵孝成王面前讨论用兵的问题。赵孝成王说："请问用兵的关键是什么？"

临武君回答说："上得天时，下得地利，观察敌人的行动变化，在敌人之后出动，在敌人之前到达，这就是用兵的关键。"

荀卿说："不是这样。我所听到的古时的规律是：大凡用兵作战的根本在于统一民心。弓和箭不协调，就是羿也不能射中微小的目标；六匹马动作不一致，就是造父也不能驾车到达远处；士民不亲附，就是汤王武王也不能必定取胜。所以善于使百姓归附的人。才是善于用兵的。所以用兵的关键是善于使百姓归附罢了。"

临武君说："不是这样。用兵打仗所看重的是形势和条件，所实行的是机变和谋诈。善用兵的，变化迅速，神秘莫测，没有人知道它在什么地方出现，孙武和吴起用这种策略，无敌于天下，哪里一定要依靠百姓的归附呢？"

荀卿说："不是这样。我所说的，是仁人的军队，是体现王者统一天下的意志。您所看重的，是权谋和势力；所实行的，是攻夺和诡诈，这是诸侯的作法。仁人之兵，不可欺诈；可欺诈的，是那些松懈怠慢的军队，病弱疲惫的军队，君臣上下之间离心离德的军队。所以让桀去欺诈象桀一类的人，还有以巧对拙、侥幸得逞的机会。让桀去欺诈尧一样的圣人，打比方说，就象用鸡蛋去碰石头，用手指去搅沸水一样；就象投入水火之中，马上就会被烧焦、淹没一样。所以仁人是上下之间众将齐心，三军协力；臣对君，下级对上级，就象儿子侍奉父亲，弟弟侍奉兄长，就象手臂要保卫脑袋和眼睛、挡护胸腹一样。用欺诈的手段突然袭击，和先惊动对方然后进攻是一样的。况且仁人治理十里大小的国家,耳目就会达到百里之远;治理百里大小的国家,耳目就会达到千里之远;治理千里大小的国家,耳目就会遍及四海;就必定会耳聪目明,警惕戒备,团结和谐,如同一体。所以仁人的士兵,聚集就成为整体,散开就成为行列;列成直阵,就象莫邪剑的长刃,碰到它的就会折断;摆成锐阵,就象莫邪剑的利锋,抵挡它的就会崩溃,安营扎寨时,就象磐石一样坚固,触犯它的必遭摧折,稀里哗啦,溃不成军。再说暴国的君主,有谁会跟他一起去打仗呢?那些跟他一块去打仗的,必然是他的人民。而他的人民亲近我们,就象亲近父母一样高兴,喜欢我们就象喜欢芬芳的椒兰一样;回头看看自己的国君,就象看到灼烧刺字的犯人,就象看到自己的仇敌一样。人的性情,即使是象桀、跖一样,又哪里肯为他所憎恶的人去伤害他所喜欢的人呢?这就象让人的子孙亲自去杀害自己的父母一样,他就必然先去告诉父母,这又怎么能够欺骗得了呢?所以仁人当政,国家就一天天兴盛,诸侯先来归顺的就平安,后来归顺的就危险;大抵是和他为敌的就被削弱,背叛他的就要灭亡。《诗经》上说:“商汤出师征伐,大旗飘扬,士兵威严虔诚,手执大斧,气势如烈火,无人敢挡!”说的就是这个意思。

孝成王、临武君说:“说得好!请问王者用兵采用什么策略才行?”

荀卿说:“关键在于大王,将帅是次要的。我想逐一说说关于王者、诸侯的强弱、存亡的征验,安稳与危险的形势。国君贤能,他的国家就安定,国君不贤能,他的国家就混乱。国君崇尚礼义,尊重礼义,他的国家就安定,国君怠慢礼义，轻礼贱义，他的国家就混乱。安定的国家就强大，混乱的国家就衰弱，这是强弱的根源。君上值得敬仰，则下民就可以役使；君上不值得敬仰，则下民就不可以役使。下民可役使则国家强盛，下民不可以役使则国家衰弱，这是强弱的常理。崇尚礼义，论功行赏，这是上等的；注重禄位，尊重节操，这是中等的；崇尚战功，轻视节操，这是下等的，这些是强弱的大体情况。喜欢贤士的就强，不喜欢贤士的就弱；爱护百姓的就强，不爱百姓的就弱；政令有信用的就强，政令没有信用的就弱；百姓一致的就强，百姓不一致的就弱；奖赏丰厚的就强，奖赏微薄的就弱；刑罚威严的就强，刑罚轻慢的就弱；器械装备坚固完备便于使用的就强，器械装备粗劣不牢固、不便于使用的就弱；谨慎用兵的就强，轻率用兵的就弱；权力集中的就强，权力分散的就弱，这些是强弱的规律。

“齐国看重杀敌技巧，规定这种技能是：斩取敌人一个首级的，就赏赐和士兵赎罪金数目相等的黄金，而不根据全军的总体战功给予奖赏，所以说没给根本赏赐，这种办法在对付小股的、或是脆弱的敌人时还可以勉强使用，对付大批的或是坚强的敌人就会涣然离散，象飞鸟一样，不用多长时间就要覆灭，这是亡国的军队。没有比这种军队更弱的了，这就和用从集市上雇佣来的人去打仗差不多了。

“魏国的士兵，按一定的标准挑选，身上穿一套铠甲，拿着十二石重的弓弩，背着箭袋，里面放着五十支箭，再扛上长戈，戴上头盔，佩着剑，携带三天的口粮，从早晨到中午。半天就急行军一百里。考核选中的，就免除他家的徭役，田宅也不征税。几年之后，他衰老了，这些待遇依然照旧。以后重新挑选武卒时还是用原来的那套做法。所以国土虽然扩大了，而国家的税收也一定减少了，这是危害国家的军队。

“秦国的土地贫瘠，人民生活条件很差，却受到了残酷的役使，国家用权势压迫他们，用穷困的生活条件扼制他们，用奖赏训练他们，用刑罚逼迫他们，使秦国的老百姓要想从君上那里得到好处，只有打仗，别无他路；使人民处于困境然后役使他们，作战胜利然后奖赏他们，战功和奖赏互相促进，斩取五个敌人首级的，就可役使乡里五户人家。这种办法最为普遍、有力，且得坚持长久，有足够的土地可以征税，所以秦国能四代国富民强，这不是侥幸得来的，而是必然的结果。

“所以齐国的技击之士对付不了魏国的武卒，魏国的武卒又对付不了秦国的锐士，秦国的锐士不可以抵挡齐桓公、晋文公的纪律严明的士兵，齐桓公、晋文公纪律严明的士兵又不可以抵挡汤王、武王的仁义之师。同这样的仁义之师作战，就象用手指搅沸水、用卵击石一样有去无回。上面说的齐、魏、秦这几国，都是求赏趋利的兵，都是雇用来出卖气力的人，而没有尊重君上，遵守制度，崇尚节操的信念。诸侯若能精心地实行礼义，就可以把这几个国家全部打败了。所以招募、挑选士兵，看重威势和诈术，崇尚功利，这是欺骗；礼义教化，才能使人民齐心协力。所以用欺诈对付欺诈，也许还有巧拙的区别；用欺诈对付齐一，象用锥刀去挖毁泰山，除了天下最愚蠢的人之外，是不会有人敢去试的。所以王者的兵，是不会轻易使用的。汤武诛伐桀纣，就象拱手作揖那样从容指挥，而强暴的国家没有不赶快投奔效力的，诛伐桀、纣就象杀个独夫一样。所以《秦誓》上说'独夫纣'，说的就是这个意思。所以军队高度齐心，就能制服天下；比较齐心，就能威胁邻国。如果是那些招延募选来的、看重权势和诈术、崇尚功利的士兵，那就胜或不胜没有定准，时弱时强，时存时亡，互有高低罢了。这就叫做强盗队伍，君子不用这样的士兵。

"所以齐国的田单、楚国的庄蹻、秦国的卫鞅、燕国的缪虮，都是世俗所说的善于用兵的人，他们本领的巧拙强弱不相上下，至于他们的用兵方法则是一样的，没有达到和谐齐一；而是抓住敌人的弱点，伺机欺诈；使用权术，颠覆敌人，只能归属于盗兵之类。齐桓公、晋文公、楚庄王、吴王阖闾、越王勾践，他们都有协调齐一的士兵，可以称得上已进入礼义教化的境地了，但还没有掌握礼义教化的根本；所以他们可以成就霸业而不能成就王业。这就是强弱的效验。"

孝成王、临武君说："说得好。请问将帅的必备条件是什么？"

荀卿说："智慧没有比放弃有疑虑的计谋更高的了；行为没有比不犯过错更好的了；做事没有比不反悔更重要的了。做事到了不反悔的程度就可以了，不能要求必定成功。所以制度、号令，要严厉而又有权威性；奖赏、惩罚，要坚决而又讲信用；营垒、仓库，要完备而牢固；转移、进退，要安全而稳重，敏捷而迅速；侦测敌情，观察变化，要求隐蔽而深入，还要反复比较核实；同敌人作战，一定要根据我方明确有把握的方案行事，不按照我方还有疑虑的计谋行事。这就叫做六种战术。不要只想当将帅而怕被撤职,不要急于求胜而忘记可能失败,不要只对内严厉而对外轻忽,不要见到利益就不顾它的危害,凡考虑事情要深思熟虑,动用财物要不吝啬。这就叫做五种权谋。将帅有三种情况可以不接受君王的命令:宁可被杀,但不可让军队处于不安全的境地;宁可被杀,但不可让军队去打不能取胜的仗;宁可被杀,但不可让军队去欺压百姓。这就叫做三个原则。大凡将帅接受国君命令而指挥军队,全军已部署停当,各级将官都各就其位,各种军务都已走上正轨,而且君王的奖赏不能使他沾沾自喜,敌人的诡计不能使他激怒冲动,这才称得上是最好的将领。行动之前,一定要周密思考,恭谨有备。善始善终,始终如一,这就叫做大吉。大凡事情的成功一定在于恭谨认真,其失败一定在于怠慢忽视。所以恭谨胜过怠慢就吉祥,怠慢胜过恭谨就灭亡;智谋胜过贪欲就顺利,贪欲胜过智谋就危险。攻战时如同防守一样不大意,行军转移如同作战一样不松懈,取得功绩要看成象侥幸得来一样不骄傲,严肃谨慎地考虑战事而不疏忽,严肃谨慎地对待事情而不疏忽,严肃谨慎地对待官吏而不疏忽,严肃谨慎地对待战士而不疏忽,严肃谨慎地对付敌人而不疏忽。这就叫做五不疏忽。慎重地应用这六种战术、五种权谋、三个原则,做到严肃对待,没有疏忽,这就叫做天下无敌的将领,就是用兵如神了。”

临武君说:“说得好!请问王者的军令、制度有哪些?”

荀卿说:“主将击鼓进军,至死不能让鼓声断绝,驭手驾车,至死不能放下马缰绳,各级将佐至死不离开自己的职位,战士至死不离开战斗的行列。听到鼓声就进攻,听到鸣金声就撤退。服从命令最重要,建立战功是其次。命令不进攻而进攻,就象命令不撤退而撤退一样,两者的罪过是相等的。不杀害老弱,不践踏庄稼,对不战而退的敌人不要捉拿,对顽固抵抗的敌人决不放过,对投诚的敌人不当作俘虏看待。凡是诛杀,不是杀戮他们的百姓,而是杀戮那些扰乱百姓的人。如果百姓中有掩护敌人的,那么这也是敌人了。所以对不战而退的敌人,就让他逃生;顽固抵抗的敌人,就把他消灭;前来投降的敌人,就免他一死。微子启投降后被封在宋国,曹触龙不投降被斩于阵前,殷朝那些归顺的百姓生活待遇和周朝百姓没有什么不同。所以近处的百姓歌颂和欢迎周朝,远处的百姓不辞劳苦来投奔周朝。无论多么边远偏僻的国家,没有不高兴地前来为它效力的,四海之内,如同一家,凡能到达之处没有不服从的,这就叫做民众的师表,《诗经》上说:'从西到东,从南到北,没有不服从的。'说的就是这个意思。王者只有诛伐不义而没有无理进犯。敌军在坚守,就不要进攻,敌军在抵抗,就不要出击,敌军如果上下一心就祝贺他们,不屠杀百姓,不搞偷袭,不让军队长期在外劳苦,用兵不超过一定期限。所以混乱国家的百姓喜欢王者的政治措施,而不满意自己的国君,盼望王者的军队来到他们的国家。"

临武君说:"说得好!"

……

天 论

这是一篇探讨天人关系的重要论文。荀子吸取了当时自然科学发展的成就，以朴素唯物主义精神，对当时一些错误观点如天有意志、治乱在天、天命可畏等进行了批判。其主要观点是：一、提出了“天行有常”的理论，指出天就是没有意识的自然界，只按照本身固有的规律运动和变化。二、社会的治乱与天没有关系，天不能决定人间的吉凶祸福，自然界的各种怪异现象并不可怕，可怕的在于“人妖”；因而明确指出要“明于天人之分”。三、人要顺应自然，但不能消极等待自然的恩赐，要主动去认识自然法则，并利用自然为人类谋福，“制天命而用之”，“官天地、役万物”；在我国古代思想史上，第一次提出人定胜天的思想。另外，荀子还认为人的认识是由感官接触外界而产生的，指出祭祀求雨或占卜决定大事都不过是一种文饰，并不可真相信。在两千年前提出这些具有科学精神的真知灼见，是十分难能可贵的。

天行有常，不为尧存，不为桀亡。应之以治则吉，

应之以乱则凶。强本而节用①，则天不能贫。养备而动时，则天不能病。修道而不贰②，则天不能祸。故水旱不能使之饥，寒暑不能使之疾，袄怪不能使之凶③。本荒而用侈，则天不能使之富；养略而动罕，则天不能使之全；倍道而妄行④，则天不能使之吉。故水旱未至而饥，寒暑未薄而疾⑤，袄怪未至而凶。受时与治世同，而殃祸与治世异，不可以怨天，其道然也。故明于天人之分，则可谓至人矣⑥。

不为而成，不求而得，夫是之谓天职。如是者，虽深，其人不加虑焉⑦；虽大，不加能焉；虽精，不加察焉。夫是之谓不与天争职。天有其时，地有其财，人有其治，夫是之谓能参⑧。舍其所以参，而愿其所参，则惑矣！

【注释】

①本：指农业生产。②贰：违背 ③袄：同“妖”。④倍：通“背”，违背。⑤薄（bó）：迫近。⑥至人：指最高明的人。⑦其人：指上文“至人”。⑧参（cān）：这里指与天、地相配合。

列星随旋，日月递炤①，四时代御，阴阳大化，风雨博施，万物各得其和以生，各得其养以成，不见其事而见其功，夫是之谓神。皆知其所以成，莫知其无形，夫是之谓天。唯圣人为不求知天。

天职既立，天功既成，形具而神生，好、恶、喜、怒、哀、乐臧焉[②]，夫是之谓天情。耳、目、鼻、口、形，能各有接而不相能也[③]，夫是之谓天官。心居中虚，以治五官，夫是之谓天君。财非其类以养其类[④]，夫是之谓天养。顺其类者谓之福，逆其类者谓之祸，夫是之谓天政。暗其天君，乱其天官，弃其天养，逆其天政，背其天情，以丧天功，夫是之谓大凶。圣人清其天君，正其天官，备其天养，顺其天政，养其天情，以全其天功。如是，则知其所为，知其所不为矣；则天地官而万物役矣[⑤]。其行曲治[⑥]，其养曲适，其生不伤[⑦]，夫是之谓知天。

【注释】

①递炤：交替照耀。炤：同"照"。②臧：通"藏"。③能：指本能。④财：通"裁"，裁制、利用。⑤官：利用的意思。役：役使。⑥曲：周全，周遍。⑦生：通"性"。

故大巧在所不为，大智在所不虑。所志于天者[①]，已其见象之可以期者矣[②]。所志于地者，已其见宜之可以息者矣。所志于四时者，已其见数之可以事者矣[③]。所志于阴阳者，已其见和之可以治者矣[④]。官人守天，而自为守道也[⑤]。

治乱，天邪？曰：日月星辰瑞历[⑥]，是禹、桀之所同也；禹以治，桀以乱；治乱非天也。时邪？曰：繁启蕃长于春夏，畜积收臧于秋冬[⑦]，是又禹、桀之所同也；禹以治，桀以乱，治乱非时也。地邪？曰：得地则生，失地则死，是又禹、桀之所同也；禹以治，桀以乱，治乱非地也。《诗》曰[⑧]："天作高山，大王荒之[⑨]；彼作矣，文王康之[⑩]。"此之谓也。

【注释】

① 志：知，认识。② 已：同"以"。见：后来写作"现"，显现。③ 数：定数，规律。④ 和：原误作"知"。⑤ 官人：这里专指司天文的官，如星官、日官等。⑥ 瑞历：即历象。⑦ 畜：同"蓄"。臧：同"藏"。⑧《诗》：指《诗经·周颂·天作》。⑨ 荒：大，引申为开辟的意思。⑩ 康：安定。

天不为人之恶寒也辍冬[①]；地不为人之恶辽远也辍广；君子不为小人之匈匈也辍行。天有常道矣，地有常数矣，君子有常体矣。君子道其常，而小人计其功。《诗》曰[②]："礼义之不愆[③]，何恤人之言兮[④]。"此之谓也。

楚王后车千乘[⑤]，非知也[⑥]；君子啜菽饮水[⑦]，非愚也；是节然也[⑧]。若夫志意修，德行厚，知虑明，生于今而志乎古，则是其在我者也。故君子敬其在己者，而不慕其在天者；小人错其在己者[⑨]，而慕其在天者。君子敬其在己者，而不慕其在天者，是以日进也；小人错其在己者，而慕其在天者，是以日退也。故君子之所以日进，与小人之所以日退，一也。君子小人之所以相县者在此耳[⑩]。

【注释】

① 恶(wù):厌恶。辍(chuò):废弃,停止。②《诗》:这里所引是没有收入《诗经》中的逸诗。③ 諐(qiān):过失。④ 恤:忧虑。⑤ 乘(shèng):古代四马驾一车称一乘。⑥ 知:通“智”。⑦ 啜(chuò):吃。菽:豆类。泛指粗粮。⑧ 节然:偶然,凑巧。⑨ 错:通“措”,搁置、放弃。下同。⑩ 县:通“悬”。

星队[①],木鸣,国人皆恐。曰:是何也?曰:无何也,是天地之变,阴阳之化,物之罕至者也。怪之,可也;而畏之,非也。夫日月之有蚀,风雨之不时,怪星之党见[②],是无世而不常有之。上明而政平,则是虽并世起,无伤也。上暗而政险,则是虽无一至者,无益也。夫星之队,木之鸣,是天地之变,阴阳之化,物之罕至者也。怪之,可也;而畏之,非也。

物之已至者,人祆则可畏也。楛耕伤稼[③],耘耨失薉[④],政险失民;田薉稼恶,籴贵民饥[⑤],道路有死人,夫是之谓人祆。政令不明,举错不时,本事不理,夫是之谓人祆。礼义不修,内外无别,男女淫乱,父子相疑,上下乖离,寇难并至,夫是之谓人祆。祆是生于乱。三者错[⑥],无安国。其说甚尔[⑦],其菑甚惨[⑧]。勉力不时,则牛马相生,六畜作祆,可怪也,而不可畏也。传曰:“万物之怪书不说。”无用之辩,不急之察,弃而不治。若夫君臣之义,父子之亲,夫妇之别,则日切瑳而不舍也[⑨]。

【注释】

① 队：通“坠”。② 党：倘或，后来写作“傥”字。③ 楛（kǔ）耕：指草率地耕种。楛，恶，粗劣。④ 耘耨（nòu）失薉：当作“楛耘失薉”。薉，同“秽”，荒芜。⑤ 籴（dí）：买粮。⑥ 错：交错发生。⑦ 尔：通“迩”，近。⑧ 菑：即后来的“灾”字。⑨ 切瑳：同“切磋”，研讨的意思。

雩而雨①，何也？ 曰：无何也，犹不雩而雨也。 日月食而救之②，天旱而雩，卜筮然后决大事，非以为得求也，以文之也③。 故君子以为文，而百姓以为神。 以为文则吉，以为神则凶也。

在天者莫明于日月，在地者莫明于水火，在物者莫明于珠玉，在人者莫明于礼义。 故日月不高，则光晖不赫；水火不积，则晖润不博；珠玉不睹乎外，则王公不以为宝；礼义不加于国家，则功名不白。 故人之命在天，国之命在礼。 君人者，隆礼尊贤而王，重法爱民而霸，好利多诈而危，权谋倾覆幽险而尽亡矣。

大天而思之④，孰与物畜而制之⑤！ 从天而颂之，孰与制天命而用之！ 望时而待之，孰与应时而使之！ 因物而多之，孰与骋能而化之⑥！ 思物而物之，孰与理物而勿失之也！ 愿于物之所以生，孰与有物之所以成⑦！ 故错人而思天，则失万物之情。

【注释】

① 雩（yú）：古代求雨的祭祀。② 食：通“蚀”。

③ 文：文饰。④ 大：尊。思：慕。⑤ 物畜：指把天作为物来畜养。⑥ 骋能：指发挥才能。⑦ 有：通“佑”，帮助。

百王之无变，足以为道贯。一废一起，应之以贯，理贯不乱；不知贯，不知应变。贯之大体未尝亡也，乱生其差，治尽其详。故道之所善，中则可从，畸则不可为，匿则大惑①。水行者表深②，表不明则陷。治民者表道，表不明则乱。礼者，表也。非礼，昏世也；昏世，大乱也。故道无不明，外内异表，隐显有常，民陷乃去③。

万物为道一偏④，一物为万物一偏，愚者为一物一偏，而自以为知道，无知也。慎子有见于后，无见于先⑤。老子有见于诎，无见于信⑥。墨子有见于齐⑦，无见于畸⑧。宋子有见于少⑨，无见于多。有后而无先，则群众无门。有诎而无信，则贵贱不分。有齐而无畸，则政令不施。有少而无多，则群众不化。《书》曰⑩：“无有作好⑪，遵王之道。无有作恶⑫，遵王之路。”此之谓也。

【注释】

① 匿：通“慝”（tè），差错，违背。② 表：水中所立的标识，用以显示水的深浅。③ 民陷：指人民的灾难。④ 道：在《荀子》书中“道”字多指道理或道术，这里指大自然。一偏：一部分。⑤ 慎子：即慎到，见《非十二子》篇注释。慎到强调法的作用，而不重视人的作用。只是跟在法后面，所

以荀子说他“有见于后,无见于先”。又说他“尚法而无法”(见《非十二子》),“蔽于法而不知贤”(见《解蔽》)。⑥“老子”句:老子即李耳,号老聃,相传为春秋时人。老子认为人只能消极顺从自然,无为而治。主张以屈为伸,以柔弱胜刚强。所以荀子说他“有见于诎,无见于信”。诎,通“屈”。信:通“伸”。⑦ 墨子:即墨翟,见《非十二子》篇注释。墨子主张兼爱,尚同,取消差别,所以荀子说他“有见于齐,无见于畸”。⑧ 畸:不齐。⑨ 宋子:即宋钘,见《非十二子》篇注释。他认为人的欲望是少的,很容易满足。他主张寡欲,所以荀子说他“有见于少,无见于多。”⑩《书》:指《尚书·洪范》。⑪ 作好(hào):有私好。⑫ 作恶(wù):有偏恶。

【翻译】

天体的运行有它不变的常规,它不因为有了尧而存在,也不因为有了桀而消失。用合理的措施适应它就吉祥,用不合理的措施对待它就遭殃。加强农业生产而节约费用,那么天就不能使人贫穷,衣食充足而按时劳作,那么天就不能使人患病;遵循礼义正道而不违背,那么天就不能使人遭祸。所以水灾旱灾不能使人挨饿,严寒酷暑不能使人生病;妖魔鬼怪不能使人遭难。农业荒废而又奢侈浪费,那么天就不能使人富裕起来;衣食不足而又懒惰少动,那么天就不能使人健康长寿;违背正道而任意妄为,那么天就不能使人吉祥如意。因此水旱灾害没来到就有饥荒,严寒酷暑没迫近就有疾病,袄怪现象没出现就有灾祸。所处的天时条件与太平盛世是相同的,但遇到的灾难祸患却与太平盛世不同，这不能归罪于上天，而是由于人所实行的措施造成的。所以明白了天和人的职分，就可以称得上至人了。

不用去做而自然成就，不用追求而自然得到，这就是天的职分。象这种情况，虽然深奥，至人也不多去思虑，虽然博大，至人也不有更多作为，虽然微妙，至人也不多去观察。这就叫作不与天争职分。天有四时变化，地有各种资源，人有利用天时地利的办法，这就叫做善于同天地相配合。如果人放弃了同天地的配合，而指望得到天地的功能，那就太糊涂了。

天上群星相随转动，太阳月亮交替照耀，春夏秋冬依次变更，阴阳二气变化无穷，风雨普遍地施加于万物，万物相互协调而生长，各自得到滋养而成熟。看不到大自然是怎样劳作的，却看到生成万物的功效，这就叫做“神”。都知道万物生长的道理，却不知道自然界无形的神妙作用，这就叫做天。唯有圣人不勉强要求懂得天的奥秘。

天的职分既已确立，天的功效既已完成，人的形体既已具备，精神也就随之产生，好、恶、喜、怒、哀、乐等感情都蕴藏在这里，这就叫做天情。耳、目、鼻、口和身躯各有不同的职能，与外物接触而不能互相替代，这就叫做天官。心居于胸膛之中，用来支配五官，这就叫做天君；利用人类以外的其他万物，来供养人类，这就叫做天养；顺应人类的需要去做就是福，违背人类的需要去做就是祸，这就叫做天政。蒙蔽天君，扰乱天官，放弃天养，违反天政，背叛天情，而丧失天的功效，这就叫做大凶。圣人总是澄清自己的天君，端正自己的天官，备足自己的天养，顺应自己的天政，调养自己的天情，来保全自己的天功。这样就知道自己该做什么，知道自己不该做什么了，就会利用天地，役使万物了。这样人们行动都很合理，保养都很适宜，生命不受到伤害，这就叫做“知天”。

所以最能干的人在于他不去做那些不能做和不该做的事，最聪明的人在于他不去考虑那些不能考虑和不应当考虑的事。人们对于天的认识，只是根根已经出现的天象来推测以后的变化；对于地的认识，只是根据适宜的地理条件来繁殖生物；对于四时的认识，只是根据它们的时序来耕作收藏，对于阴阳的认识，只是根据它们显现的和谐现象处理事情。大智大巧的人，让官人掌管天象，而自己却掌握着治理国家的根本法则。

社会的治和乱是上天决定的吗？回答是：日月星辰、历象，这些在禹和桀的时代都是相同的，而禹使天下安定，桀使天下混乱，可见治和乱不是上天决定的。是由时令决定的吗？回答是：万物春天发芽，夏天成长，秋天收获，冬天收藏，这些在禹和桀的时代又都是相同的，而禹使天下安宁，桀使天下混乱，可见治和乱不是时令决定的。是由大地决定的吗？回答是：万物有了土地就能生长，离开了土地就要死亡，这些在禹和桀的时代又都是相同的，而禹使天下安宁，桀使天下混乱，可见治和乱不是由大地决定的。《诗经》上说：“天生这座高山啊，是大王开辟了它；大王创立了基业啊，是文王安守着它。”说的就是这个意思。

天并不因为人厌恶寒冷而取消冬天，地并不因为人厌恶遥远而缩小地域，君子并不因为小人的叫嚷而改变行动。天有一定的规律，地有一定的法则，君子有一定的行为标准，君子遵循这些行为标准，而小人只计较一时的功利。《诗经》上说："既然在礼义上没有差错，又何必顾虑别人的闲话呢？"说的就是这个道理。

楚王出巡，随从的车马千余辆，并不是他聪明；君子吃粗粮喝白水，并不是他愚笨，这都是偶然情况造成的。至于意志端正，品行敦厚，思虑精明，生在今天而追随古代的贤人，这些则全在于自己的努力了。所以君子注重自己的努力，而不指望上天的恩赐；小人放弃自己的努力，而指望上天的恩赐。君子注重自己的努力，而不指望上天的恩赐，所以一天天长进；小人放弃自己的努力，而指望上天的恩赐，所以一天天后退。可见君子之所以一天天长进，和小人之所以一天天后退，原因都是一样的。君子和小人差别悬殊，原因就在这里。

流星坠落，树木发出声响，普通人都很恐惧。有人问：这是怎么回事？回答是：这没有什么。这是由于天地的变动，阴阳的转化造成的，是事物中少见的现象。对它们感到奇怪，是可以的；而惧怕它们，就错了。日蚀、月蚀的发生，刮风下雨的不合时节，怪星的偶尔出现，这些是无论什么时代都曾经有过的。君王贤明而政治清平，那么这些现象即使同时发生，也并没有什么害处。如果君王昏庸而政治险恶，那么这些现象即使一种也没发生，也并没有什么好处。流星的坠落，树木的鸣叫，这是由于天地的变动，阴阳的转化造成的，是事物中少见的现象。对它们感到奇怪，是可以的；而害怕它们，就错了。

在已经出现的事物中，人为的灾祸才是最可怕的。耕作粗疏，会损伤庄稼；除草粗疏，会影响收成；政治险恶，会失掉民心。田地荒芜,庄稼歉收,米价昂贵,人民挨饿,道路上有饿死的人,这叫做人为的灾祸。政治法令不清明,措施不及时,农业生产不被重视,这叫做人为的灾祸。不实行礼义,不区分内外,男女荒淫昏乱,父子互相猜疑,上下互相背离,外寇内乱并起,这叫做人为的灾祸。灾祸产生于人为的混乱,如果上述三种人为的灾祸交错发生,国家就没有安定的日子了。这个道理很浅近,但这种灾祸却很惨重。不按时劳作,就会牛马互生怪胎,六畜出现怪现象。这些现象可以让人奇怪,但不可怕。古书上说:"万物中的怪现象,经书是不作解释的。"没有实用的辩说,并不急需的考察,应当放弃而不管它。至于君臣之间的礼义,父子之间的感情,夫妇之间的分别,那是应该天天研讨而不能放弃的。

祭神求雨而下了雨,这是为什么呢?回答是:这没有什么,就象不祭神求雨也会下雨一样。发生日蚀、月蚀就敲打呼救,遇到天旱就祭神求雨,经过占卜才决定大事,所有这些都不是认为真会求得什么,而是作为一种装饰罢了。所以君子认为这是一种装饰,而百姓则认为是神灵。把它看作装饰就能吉祥,把它看作神灵就要遭殃了。

在天上,没有比日月更明亮的了,在地上没有比水火更明亮的了,在万物中没有比珠玉更明亮的了,在人间没有比礼义更明亮的了。所以日月如果不高挂天空,光辉就不显赫;水火如果不积聚,映照、滋润就不广博;珠玉的光彩如果不显露于外,王公贵人就不把它当作宝物。国家如果不实行礼义,它的功绩和名声就不会显著。所以人的命运在于如何对待自然,国家的命运在于是否实行礼义。做君王的，尊重礼义，崇尚贤人，就会称王；重视法度，爱护百姓，就会称霸；贪求财利，多行诈术，就会危险；玩弄权谋，反复无常而又阴险狡猾，就会亡国了。

尊崇天而仰慕它，哪里比得上把它当作物来畜养并控制它！顺从天而歌颂它，哪里比得上控制天命并利用它！盼望天时而等待它，哪里比得上顺应时节并利用它！听凭万物自然生长繁衍，哪里比得上施展才能并变革它！空想着役使万物，哪里比得上管理好万物而不浪费它！仰慕万物生长繁殖的奥秘，哪里比得上掌握规律促进万物更好地成长呢！所以放弃人的努力而去指望天的恩赐，那就不符合万物的本性了。

经过历代都没有改变的东西，就足以成为一贯适用的原则。朝代的兴衰变化，都应该用这个一贯的原则去对待。运用这个一贯原则治国，就不会混乱；不了解这个一贯原则，就不会应付各种变化。这个原则的重要内容从来没有消亡过，社会混乱是由于使用这一原则发生差错，社会安定是因为使用这一原则完备正确。所以要以道所提倡的作为标准，符合道的就可以遵从，偏离道的就不要实行，违背道的就会造成极大的惑乱。涉水过河的人要靠指示水深度的标志走，标志不清楚，就会沉到水里；治理百姓的人要把道作为标志，标志不清楚就会使国家混乱。礼就是标志，违背礼，就是昏暗的时代；昏暗的时代，社会就大混乱。所以道在各方面都很明确，外事内政都有不同的标准，看得见与看不见的都有一定常规，这样人们的灾难就可避免了。

万物是道的一部分，一物是万物的一部分，愚昧的人只看到一物的一部分，却自以为懂得道了，其实是一无所知。慎子只被动地跟在事物后面，而不能事先有所倡导。老子只知道委曲求全，而不知道伸展抱负。墨子只主张齐同平等，而不提倡等级差异。宋子只知道人的情欲寡少，而没看到人的欲望向来就多。只知道居后而不率先倡导，那末群众就看不到前进方向。只有屈曲柔弱而不有所作为，那么贵贱就无法区分。只有齐同平等而不讲等级差异，那么政令就无法推行。只强调清心寡欲而不照顾多种需要，群众就得不到教化。《尚书》上说："不要有所偏爱，要完全遵循圣王的道路。不要有所偏恶，要完全遵循圣王的道路。"说的就是这个道理。

正 论

本篇就当时“世俗之为说”的种种错误论调提出了诘难和批判。针对“主道利周”之说，论证了君主之道利于彰明、不利于隐秘，利于公开、不利于隐匿；针对“桀、纣有天下，汤、武篡而夺之”之说，指出汤、武并不是杀掉君王，而只是杀了“独夫”，只要象汤、武那样修行正道、兴利除害，就会使天下人归顺，就应该取得王位；针对“治古无肉刑”的说法，强调必须“征暴诛悍”、刑称其罪，表现了法制思想。此外，还批驳了所谓“汤、武不能禁令”、“尧、舜擅让”、“尧、舜不能教化”以及因厚葬而产生盗墓行为等论调。

世俗之为说者曰：“主道利周①。”是不然。主者民之唱也②，上者下之仪也。彼将听唱而应，视仪而动。唱默则民无应也，仪隐则下无动也。不应不动，则上下无以相胥也③。若是，则与无上同也，不祥莫大焉。故上者下之本也，上宣明则下治辨矣，上端诚则下愿悫矣④，上公正则下易直矣。治辨则易一，愿悫则易使，易直则易知；易一则强，易使则功，易知则明，是治之所由生也。上周密则下疑玄矣[5]，上幽险则下渐诈矣[6]，上偏曲则下比周矣[7]。疑玄则难一，渐诈则难使，比周则难知。难一则不强，难使则不功，难知则不明，是乱之所由作也。故主道利明不利幽，利宣不利周。故主道明则下安，主道幽则下危。故下安则贵上，下危则贱上。故上易知则下亲上矣，上难知则下畏上矣。下亲上则上安，下畏上则上危。故主道莫恶乎难知[8]，莫危乎使下畏己。传曰[9]："恶之者众则危。"《书》曰[10]："克明明德[11]。"《诗》曰[12]："明明在下。"故先王明之，岂特宣之耳哉[13]！

【注释】

① 周：隐密。② 唱：倡导。③ 胥：通"须"，等待，这里指相互依靠。④ 愿悫（yuàn què）：恭谨忠厚。⑤ 玄：通"眩"，迷惑。⑥ 渐：通"僭"，伪。⑦ 比周：结党营私。⑧ 恶（wù）：厌恶。⑨ 传（zhuàn）：这里泛指古书。⑩《书》：指《尚书·尧典》。⑪ 克明明德：今作"克明俊德"。《康诰》作"克明德慎罚"。文有不同。⑫《诗》：指《诗经·大雅·大明》。⑬ 宣：原误为"玄"。

世俗之为说者曰："桀、纣有天下，汤、武篡而夺之。"是不然。以桀、纣为常有天下之籍则然[1]，亲有天下之籍则不然，天下谓在桀、纣则不然。古者天子千官，诸侯百官。以是千官也，令行于诸夏之国[2]，谓之王；以是百官也，令行于境内，国虽不安，不至于废易遂亡③，谓之君。圣王之子也，有天下之后也，势籍之所在也，天下之宗室也。然而不材不中，内则百姓疾之，外则诸侯叛之，近者境内不一，遥者诸侯不听，令不行于境内，甚者诸侯侵削之，攻伐之。若是，则虽未亡，吾谓之无天下矣。圣王没④，有势籍者罢不足以县天下⑤，天下无君；诸侯有能德明威积，海内之民莫不愿得以为君师。然而暴国独侈安能诛之⑥，必不伤害无罪之民，诛暴国之君若诛独夫。若是，则可谓能用天下矣。能用天下之谓王。汤、武非取天下也，修其道，行其义，兴天下之同利，除天下之同害，而天下归之也。桀、纣非去天下也，反禹、汤之德，乱礼义之分，禽兽之行，积其凶，全其恶，而天下去之也。天下归之之谓王⑦，天下去之之谓亡。

【注释】

① 常：通“尝”，曾经。籍：位。② 诸夏之国：指中原地区各诸侯国。③ 遂：通“坠”。④ 没(mò)：同“殁”，死。⑤ 罢(pí)：通“疲”，软弱无能。县：后来写作“悬”。⑥ 安：于是。能：乃，就。⑦ 王(wàng)：为天下王的意思。

故桀、纣无天下，而汤、武不弑君，由此效之也。汤、武者，民之父母也；桀、纣者，民之怨贼也。

今世俗之为说者，以桀、纣为君，而以汤、武为弑，然则是诛民之父母，而师民之怨贼也，不祥莫大焉。以天下之合为君，则天下未尝合于桀、纣也；然则以汤、武为弑，则天下未尝有说也，直堕之耳[1]！故天子唯其人。天下者，至重也，非至强莫之能任；至大也，非至辨莫之能分；至众也，非至明莫之能和。此三至者[2]，非圣人莫之能尽。故非圣人莫之能王。圣人备道全美者也，是县天下之权称也。桀、纣者，其知虑至险也，其志意至暗也，其行之为至乱也；亲者疏之，贤者贱之，生民怨之。禹、汤之后也而不得一人之与；刳比干、囚箕子[3]，身死国亡，为天下之大僇[4]，后世之言恶者必稽焉；是不容妻子之数也。故至贤畴四海[5]，汤、武是也；至罢不容妻子，桀、纣是也。今世俗之为说者，以桀、纣为有天下而臣汤、武，岂不过甚矣哉！譬之，是犹伛巫跛匡大自以为有知也[6]，故可以有夺人国，不可以有夺人天下；可以有窃国，不可以有窃天下也。可以夺之者可以有国，而不可以有天下；窃可以得国，而不可以得天下。是何也？曰：国，小具也[7]，可以小人有也，可以小道得也，可以小力持也；天下者，大具也，不可以小人有也，不可以小道得也，不可以小力持也。国者，小人可以有之，然而未必不亡也；天下者，至大也，非圣人莫之能有也。

【注释】

① 堕：毁。② 三至：指至强、至辨、至明。③ 刳（kū）：指剖心。比干、箕子：二人都是殷纣王的叔父，多次劝谏纣王行先王之道，纣王不听，反杀比干，降箕子为奴隶。④ 僇（lù）：耻辱。⑤ 畴：通“寿”，保全，保有。⑥ 伛（yǔ）：驼背。匡：读为“尪”（wāng），残疾之人。⑦ 具：器物。

世俗之为说者曰："治古无肉刑①，而有象刑。墨鲸；慅婴②；共，艾毕③；菲，紨屦④；杀，赭衣而不纯⑤。治古如是。"是不然。以为治邪？则人固莫触罪，非独不用肉刑，亦不用象刑矣。以为人或触罪矣，而直轻其刑，然则是杀人者不死，伤人者不刑也。罪至重而刑至轻，庸人不知恶矣，乱莫大焉。凡刑人之本，禁暴恶恶⑥，且征其未也⑦。杀人者不死，而伤人者不刑，是谓惠暴而宽贼也，非恶恶也。故象刑殆非生于治古，并起于乱今也。治古不然，凡爵列官职赏庆刑罚皆报也⑧，以类相从者也。一物失称，乱之端也。夫德不称位，能不称官，赏不当功，罚不当罪，不祥莫大焉。昔者武王伐有商、诛纣，断其首，县之赤旆⑨。夫征暴诛悍，治之盛也。杀人者死，伤人者刑，是百王之所同也，未有知其所由来者也。刑称罪则治，不称罪则乱。故治则刑重，乱则刑轻。犯治之罪固重，犯乱之罪固轻也。《书》曰⑩："刑罚世轻世重。"此之谓也。

【注释】

① 肉刑：指鲸（qíng，在脸上刺字，涂上墨，故又称墨刑）、劓（yì，割掉鼻子）、剕（fèi，断足）、宫（破坏男女生殖机能）、大辟（杀头）等刑罚。② 慅婴：即"草缨"。③ 共：通"宫"。艾（yì）：芟，割。毕：同"韠（bì）"，又称绂、蔽膝。④ 菲：通"剕"。紨（fēng）：枲（xǐ）麻，原误为"对"。屦（jù）：鞋。⑤ 赭（zhě）衣：赤褐色的衣服。不纯：不镶边。这里指没有衣领。⑥ 恶（wù）恶：憎恨作恶。⑦ 征：通"惩"。⑧ 报：报应，报答。⑨ 县：通"悬"。旆（pèi）：旗。⑩《书》：

指《尚书·吕刑》。

世俗之为说者曰："'汤、武不能禁令。'是何也？曰：'楚、越不受制。'"是不然。汤、武者，至天下之善禁令者也，汤居亳，武王居鄗①，皆百里之地也，天下为一，诸侯为臣，通达之属，莫不振动从服以化顺之，曷为楚、越独不受制也②？彼王者之制也，视形势而制械用，称远迩而等贡献③，岂必齐哉？故鲁人以糖④，卫人用柯⑤，齐人用一革⑥，土地刑制不同者，械用备饰不可不异也。故诸夏之国同服同仪，蛮夷戎狄之国同服不同制，封内甸服⑦，封外侯服，侯、卫宾服，蛮夷要服，戎狄荒服。甸服者祭，侯服者祀，宾服者享，要服者贡，荒服者终王。日祭，月祀，时享，岁贡，终王，夫是之谓视形势而制械用，称远近而等贡献，是王者之至也⑧。彼楚、越者，且时享岁贡终王之属也，必齐之日祭月祀之属然后曰受制邪？是规磨之说也⑨，沟中之瘠也⑩，则未足与及王者之制也。语曰："浅不足与测深，愚不足与谋知，坎井之蛙不可与语东海之乐⑪。"此之谓也。

【注释】

① 亳(bó)：商汤王的都城，在今河南商丘市东南。鄗(hào)：周武王的都城，在今陕西省西安市西南。② 曷：何。③ 迩(ěr)：近。④ 糖(táng)：碗。⑤ 柯：指盂，古代盛食物的器具。⑥ 革：指皮囊。⑦ 封内：指都城周围五百里

之内的地方。古代王城区域内的诸侯国属甸服；以下每五百里为一区划，按距离远近分为侯服、宾服、要服、荒服。⑧ 至：通“制”。⑨ 规磨之说：揣测的说法。⑩ 沟中之瘠：比喻智虑浅薄。瘠，贫瘠、困顿。

世俗之为说者曰：“尧、舜擅让[1]。”是不然。天子者，势位至尊，无敌于天下，夫有谁与让矣[2]！道德纯备，智惠甚明[3]，南面而听天下，生民之属，莫不振动从服以化顺之，天下无隐士，无遗善，同焉者是也，异焉者非也，夫有恶擅天下矣！曰：“死而擅之。”是又不然。圣王在上，决德而定次，量能而授官，皆使民载其事而各得其宜。不能以义制利，不能以伪饰性，则兼以为民。圣王已没，天下无圣，则固莫足以擅天下矣。天下有圣而在后子者[4]，则天下不离，朝不易位，国不更制，天下厌然与乡无以异也[5]；以尧继尧，夫又何变之有矣？圣不在后子而在三公，则天下如归，犹复而振之矣，天下厌然与乡无以异也；以尧继尧，夫又何变之有矣！唯其徙朝改制为难。故天子生，则天下一隆致顺而治，论德而定次；死，则能任天下者，必有之矣。夫礼义之分尽矣，擅让恶用矣哉？曰：“老衰而擅。”是又不然。

【注释】

① 擅：通“禅”。② 有：通“又”。下“夫有恶擅”句之“有”字同。③ 惠：通“慧”。④ 后子：指后人。⑤ 厌然：安然

的样子。乡：通“向”，过去。

血气筋力则有衰，若夫智虑取舍则无衰。曰：“老者不堪其劳而休也。”是又畏事者之议也。天子者，势至重而形至佚，心至愉而志无所诎，而形不为劳，尊无上矣。衣被则服五采，杂间色，重文绣，加饰之以珠玉；食饮则重大牢而备珍怪①，期臭味②，曼而馈③，伐皋而食④，《雍》而彻乎五祀⑤，执荐者百人侍西房；居则设张容⑥，负依而坐，诸侯趋走乎堂下；出户而巫觋有事；出门而宗祝有事⑦；乘大路趋越席以养安；侧载睪芷以养鼻⑧；前有错衡以养目；和鸾之声，步中《武》、《象》，驺中《韶》、《护》⑨，以养耳；三公奉軶持纳⑩，诸侯持轮、挟舆、先马⑪，大侯编后⑫，大夫次之，小侯、元士次之⑬，庶士介而夹道，庶人隐窜莫敢视望⑭。居如大神，动如天帝，持老养衰，犹有善于是者与不？老者，休也，休犹有安乐恬愉如是者乎？故曰：诸侯有老，天子无老。有擅国，无擅天下，古今一也。夫曰尧、舜擅让，是虚言也，是浅者之传，陋者之说也，不知逆顺之理，小、大、至、不至之变者也⑮，未可与及天下之大理者也。

【注释】

① 大牢：即“太牢”，指牛、羊、猪三牲齐备。② 期：通“綦”，极。③ 曼：通“万”，古代的一种列队舞蹈。馈(kuì)：进献食品。④ 皋(gāo)：大鼓。⑤ 雍：《诗经·周颂》乐章

名。古代奏《雍》而撤馔。彻：通“撤”。⑥ 张：通“帐”。⑦ 宗：主祭祀的官。祝：大祝，掌祈祷的官。“祝”原误为“祀”。⑧ 睪芷（zé zhǐ）：一种香草。⑨ 武、象：为周武王时乐舞名。驺（zōu）：通“趋”，疾走。韶：舜乐。护：汤乐。⑩ 軶（è）：同“轭”。套在驾车牲口脖子上的曲木。纳：通“軜”（nà），古代一车四马，两旁两匹马内侧的缰绳。⑪ 先马：在马前作引导。⑫ 编后：跟在后面。⑬ 元士：上士。⑭ 隐窜：隐藏躲避。⑮ 至：指至重、至佚、至愉。

世俗之为说者曰：“‘尧、舜不能教化’。是何也？曰：‘朱象不化①。’”是不然也。尧、舜者，至天下之善教化者也，南面而听天下，生民之属莫不振动从服以化顺之。然而朱、象独不化，是非尧、舜之过，朱、象之罪也。尧、舜者，天下之英也；朱、象者，天下之嵬一时之琐也②。今世俗之为说者，不怪朱、象而非尧、舜，岂不过甚矣哉？失是之谓嵬说。羿、蠭门者③，天下之善射者也，不能以拨弓曲矢中；王梁、造父者④，天下之善驭者也，不能以辟马毁舆致远⑤；尧、舜者，天下之善教化者也，不能使嵬琐化。何世而无嵬？何时而无琐？自太皞、燧人莫不有也⑥。故作者不祥，学者受其殃，非者有庆。《诗》曰⑦：“下民之孽，匪降自天；噂沓背憎⑧，职竞由人⑨。”此之谓也。

【注释】

① 朱：丹朱，尧的儿子，传说他品行不端。象：舜的异

母弟弟，传说他曾谋害舜。② 嵬（wéi）：通“傀”，怪僻。琐：猥鄙。③ 羿（yì）：传说中的善射者。蠭（páng）门：即“逄蒙”，曾跟羿学射。逄，“逢”的本字。④ 王梁：即“王良”，传说春秋时善驾车的人。造父：相传是周穆王的车夫，善驾车。⑤ 辟：通“躄”（biè），有足疾。毁舆：坏车。⑥ 太皞（hào）：亦作太皓。传说中古代东夷族首领。燧人：传说中人工取火的发明者。⑦《诗》：指《诗经·小雅·十月之交》。⑧ 噂沓（zǔn tà）：聚语的样子，指当面谈笑。⑨ 职：但，只。竞：并，皆。

世俗之为说者曰：“太古薄葬，棺厚三寸，衣衾三领，葬田不妨田，故不掘也。乱今厚葬，饰棺，故扫也[①]。”是不及知治道，而不察于扫不扫者之所言也。凡人之盗也，必以有为，不以备不足，则以重有余也[②]；而圣王之生民也，皆使富厚优犹知足[③]，而不得以有余过度。故盗不窃，贼不刺[④]，狗豕吐菽粟[⑤]，而农贾皆能以货财让[⑥]；风俗之美，男女自不取于涂[⑦]，而百姓羞拾遗。故孔子曰：“天下有道，盗其先变乎！”虽珠玉满体，文绣充棺，黄金充椁，加之以丹矸[⑧]，重之以曾青[⑨]，犀、象以为树，琅玕、龙兹、华觐以为实[⑩]，人犹且莫之扫也。是何也？则求利之诡缓[⑪]，而犯分之羞大也。

【注释】

① 扫（gǔ，又读 hú）：掘。② 则：“则”上原衍“足”字。

③ 富：原误作“当”。知足：“知”上原衍“不”字。④ 剌：指抢劫。⑤ 豕(shǐ)：猪。⑥ 贾(gǔ)：商人。⑦ 涂：通“途”。⑧ 丹矸(gān)：朱砂。⑨ 曾青：又称铜精，一种绘画的原料。⑩ 琅玕、龙兹、华觐(jìn)：都是珠玉的名称。⑪ 诡：指诡诈之心。缓：少、小的意思。

夫乱今然后反是：上以无法使，下以无度行，知者不得虑，能者不得治，贤者不得使。若是，则上失天性，下失地利，中失人和。故百事废，财物诎，而祸乱起。王公则病不足于上，庶人则冻餧羸瘠于下[①]；于是焉桀、纣群居而盗贼击夺以危上矣。安禽兽行，虎狼贪，故脯巨人而炙婴儿矣[②]。若是，则有何尤扫人之墓、抉人之口而求利矣哉[③]！虽此倮而貍之[④]，犹且必扫也，安得葬貍哉？彼乃将食其肉而龁其骨也[⑤]。夫曰：“太古薄葬，故不扫也；乱今厚葬，故扫也。”是特奸人之误于乱说，以欺愚者而淖陷之[⑥]，以偷取利焉，夫是之谓大奸。传曰：“危人而自安，害人而自利。”此之谓也。

【注释】

① 餧(něi)：饥饿。羸(léi)瘠：瘦弱。② 脯(fǔ)：干肉。巨人：指大人。炙(zhì)：用火烧烤。③ 有：通“又”。尤：责怨。扫：发掘。④ 倮：同“裸”。貍(mái)：同“埋”。下同。⑤ 龁(hé)：咬。⑥ 淖：原误为“潮”。

子宋子曰[①]："明见侮之不辱，使人不斗。人皆以见侮为辱，故斗也；知见侮之为不辱，则不斗矣。"应之曰：然则亦以人之情为不恶侮乎？曰："恶而不辱也。"曰：若是则必不得所求焉。凡人之斗也，必以其恶之为说，非以其辱之为故也。今俳优、侏儒、狎徒詈侮而不斗者[②]，是岂钜知见侮之为不辱哉[③]！然而不斗者，不恶故也。今人或入其央渎[④]，窃其猪彘，则援剑戟而逐之，不避死伤，是岂以丧猪为辱也哉！然而不惮斗者，恶之故也。虽以见侮为辱也，不恶则不斗；虽知见侮为不辱，恶之则必斗。然则斗与不斗邪，亡于辱之与不辱也，乃在于恶之与不恶也。夫今子宋子不能解人之恶侮，而务说人以勿辱也，岂不过甚矣哉！金舌弊口[⑤]，犹将无益也。不知其无益，则不知；知其无益也，直以欺人[⑥]，则不仁。不仁不知，辱莫大焉。将以为有益于人，则与无益于人也，则得大辱而退耳[⑦]！说莫病是矣。

【注释】

① 子宋子：即宋钘，见《非十二子》注释。② 俳（pái）优：古代歌舞艺人。侏儒：身材矮小的人。狎（xiá）徒：闲荡游乐的人。詈（lì）：责骂。③ 钜：通"讵"，岂。④ 央渎：大洞穴。央，大。⑤ 金舌：指病舌。金，通"噤"。⑥ 直：只是。⑦ 与：通"举"，全都。

子宋子曰："见侮不辱。"应之曰：凡议，必将立隆正然后可也[①]，无隆正，则是非不分而辩讼不决。故所闻曰："天下之大隆，是非之封界，分职名象之所起，王制是也。"故凡言议期命、是非，以圣、王为师，而圣、王之分，荣辱是也。是有两端矣，有义荣者，有势荣者；有义辱者，有势辱者。志意修，德行厚，知虑明，是荣之由中出者也，夫是之谓义荣。爵列尊，贡禄厚，形势胜，上为天子诸侯，下为卿相士大夫，是荣之从外至者也，夫是之谓势荣。流淫污僈②，犯分乱理，骄暴贪利，是辱之由中出者也，夫是之谓义辱。詈侮捽搏③，捶笞膑脚④，斩断枯磔⑤，藉靡舌䌷⑥，是辱之由外至者也，夫是之谓势辱。是荣辱之两端也。故君子可以有势辱而不可以有义辱，小人可以有势荣而不可以有义荣。有势辱无害为尧，有势荣无害为桀。义荣势荣，唯君子然后兼有之；义辱势辱，唯小人然后兼有之。是荣辱之分也。圣王以为法，士大夫以为道，官人以为守，百姓以为成俗，万世不能易也。

【注释】

①隆正：正确的标准。②流淫：下贱放荡。污僈：行为丑恶。僈，通"漫"。③捽（zuó）：揪住。搏：击打。④捶笞（chī）：用鞭子抽打。膑（bìn）脚：剔去膝盖骨。⑤枯：通"辜"，分裂肢体。磔（zhé）：车裂分尸。⑥藉、靡、舌、䌷（jǔ）：都指被捆缚。舌，当为"括"。

今子宋子案不然①：独诎容为己，虑一朝而改之，说必不行矣。譬之，是犹以塼涂塞江海也②，以焦侥而戴太山也③，蹎跌碎折不待顷矣④，二三子之善于子宋子者，殆不若止之，将恐得伤其体也。

子宋子曰："人之情，欲寡；而皆以己之情，为欲多，是过也。"故率其群徒，辨其谈说，明其譬称，将使人知情之欲寡也。应之曰：然则亦以人之情为目不欲綦色⑤，耳不欲綦声，口不欲綦味，鼻不欲綦臭，形不欲綦佚。此五綦者，亦以人之情为不欲乎？曰："人之情欲是已。"曰：若是则说必不行矣。以人之情为欲此五綦者而不欲多，譬之是犹以人之情为欲富贵而不欲货也，好美而恶西施也⑥。

古之人为之不然。以人之情为欲多而不欲寡，故赏以富厚，而罚以杀损也，是百王之所同也。故上贤禄天下，次贤禄一国，下贤禄田邑，愿悫之民完衣食。今子宋子以是之情为欲寡而不欲多也。然则先王以人之所不欲者赏，而以人之所欲者罚邪？乱莫大焉。今子宋子严然而好说⑦，聚人徒，立师学，成文典⑧，然而说不免于以至治为至乱也，岂不过甚矣哉！

【注释】

① 案：虚词，不表义。② 塼：同"砖"。③ 焦侥：传说中的短人。④ 蹎：同"颠"，跌倒。⑤ 目不欲綦色："目"前原衍"欲"字。綦（qí），极尽。⑥ 西施：春秋时越国的美女。⑦ 严然：同"俨然"，庄重的样子。⑧ 文典：指宋子的文章。典，原误作"曲"。

【翻译】

世俗之人有一种说法是："君王治国的办法，宜于隐蔽真情，不让下面人了解。”其实这是不对的。君王，是人民的倡导者；主上是臣民的榜样。百姓听见倡导就应和，看见榜样就行动。倡导者沉默，百姓就无法响应，榜样隐匿，臣民就无法行动。不响应不行动，那么君王和臣民就不能互相依靠了。这样就和没有君王一样了，祸害没有比这再大的了。所以君王是臣民的根本，君王政治公开清明，臣民就明辨治理的方向了，君王端庄真诚，臣民就忠厚老实，君王处事公正，臣民就正直平易。安定平治就容易统一，忠厚老实就容易役使，平易正直就容易了解。容易统一就强盛，容易役使就有功效，容易了解就情况明白，这是国家得到治理的根本原因。君上隐蔽真情，下边就怀疑迷惑，君上阴暗险恶，下边就狡猾欺诈，君上偏私不公，下边就结党营私了。怀疑迷惑就难于统一，狡猾欺诈就难于使用，结党营私就难于了解。难于统一就不强盛，难于使用就收不到功效，难于了解就情况不明。这些是天下混乱的根本原因。所以君王的治国办法，宜于彰明而不宜于幽暗，宜于宣传而不宜于隐蔽真情。所以君王的治国之道清明，臣民就安宁，君王的治国之道幽暗，臣民就危惧了。臣民安宁就尊崇君王，臣民危惧就轻视君王。所以君王的政令容易了解，臣民就会亲近君王；君王的政令难于了解，臣民就会害怕君王。臣民亲近君王，君王的地位就安稳，臣民害怕君王，君王的地位就岌岌可危了。所以君王的治国之道没有比让百姓难于了解政令措施更坏的了，没有比让百姓害怕自己更危险的了。古书上说：“憎恶你的人多了，你就危险了。”《尚书》上说：“君王能够宣明好的德行。”《诗经》上说：“文王武王的美德显露在百姓中。”所以，贤明的君王使百姓明白，哪能使百姓迷惑呢？

世俗有一种说法是："桀王、纣王占有天下，汤王、武王篡夺了他们的王位。"事实并非如此。认为桀、纣曾经占有天下的王位是对的，但认为桀、纣是天下的王就不对了，说天下真正属于桀、纣也是不对的。古时候天子有成千个官吏，诸侯有上百个官吏。靠这些成千的官吏，在中原各诸侯国推行政令，就叫做天子；靠这些上百的官吏，在本国境内推行政令，国家虽不安定，还不至于废弃灭亡，这就叫做诸侯国的国君。圣王的儿子，是天子的后代，帝王的权势地位都在他那里，是天下的宗主，然而他如果不成材，不中用，就会使域内百姓憎恨他，域外诸侯背叛他，近者境内不统一，远者诸侯国不听从，政令不能在境内推行，甚至诸侯都来侵削它，攻打它。这样，就算没灭亡，我说他也已经失去天下了。圣王不在了，有权势的王者无能，掌握不了天下。天下没有君王，而诸侯中又有德行昭明，威望显著的人，四海之内的人民就没有不希望让他作君王的。而暴国之君又孤独骄奢，他就能杀掉这个君王，并且一定不伤害无辜百姓，杀掉暴国之君就象杀掉独夫一样；这样，他就可以称作能掌握天下了。能掌握天下的就叫做王。汤王、武王并不是篡夺天下，而是因为他们修王道、行礼义，兴办利国利民之事，除掉天下共同的祸害，所以天下自然就归顺他们了。桀、纣并不是离弃了天下，而是因为他们违背了禹、汤的美德，扰乱了礼义的名分，行动如同禽兽，罪行滔天，恶贯满盈，所以天下人民离弃了他们。天下归顺他就叫他统治天下，天下离弃他就叫做灭亡。所以桀、纣本来就没有天下，而汤、武也不曾谋杀君王，就是由此得到证明的。汤、武是百姓的父母；桀、纣是百姓的仇敌。现在世俗有一种说法，把桀、纣看作君王，而认为汤、武是杀了君王的人，那么这就等于杀了民众的父母，而把民众的仇敌当作国君，祸害没有比这再大的了。如果认为天下人心所归向的人就是君王，而天下人心从来没有归向过桀、纣，那么，那种认为汤、武杀了君王的说法，是没有任何理由的，只不过是污蔑罢了。所以是不是天子，唯有看他本人的德行如何。治理天下责任最重，不是最强有力的人是不能担负的；范围最广，不是最有能力的人是不能搞得井井有条的；民众最多，不是最英明的人是不能使人民和睦一致的。这三种最出色的能力，不是圣人就不能完全具备。所以不是圣人就不能称王天下。圣人是道德完备、尽善尽美的人，是衡量天下的标准。至于桀、纣，他们思虑最险恶，思想最卑下，行为最淫乱，亲人疏远他们，贤士鄙视他们，百姓怨恨他们；他们虽是禹、汤的后代，却得不到一个人的帮助；剖杀比干，囚禁箕子，最后自己身死国亡，成了天下最大的耻辱，后代的人一说起坏人，就一定要以他们为例，这是连妻子儿女都保不住的一类人。所以最贤能的人能保有四海，汤、武就是这样的人；最不贤的人不能保住妻子儿女，桀、纣就是这样的人。现在世俗有一种说法，认为桀、纣拥有天下而汤、武是他们的臣子，这岂不是大错特错了吗！打个比方说，这就象驼背的巫婆和瘸腿的男巫自以为很聪明一样。所以可以攻夺别人的诸侯国，不可以攻夺别人的天下；可以窃取别人的诸侯国，不可以窃取别人的天下。用武力夺取的，只可以占有一个诸侯国，而不可以拥有天下；用巧诈窃取的，只可以得到一个诸侯国，而不可以得到天下。这是为什么呢？回答是：诸侯国，只是个小器具，可以被小人所占有，可以用不正当的方法获得，也可以靠较小的力量来维持统治；天下则是大器具，不能被小人所占有，不能用不正当的方法获得，也不能靠较小的力量来维持统治。诸侯国，小人可以占有，但未必不会灭亡；天下是最为广大的，不是圣人就不能拥有啊。

世俗有一种说法是："古时的太平盛世没有肉刑，而只有象征性的刑罚。用黑墨画脸代替黥刑；用头戴草帽带代替劓刑；用割去腰间的绂代替宫刑；用穿麻鞋代替剕刑；用穿无领的赤褐色衣服代替斩首。古代的太平盛世就是这样。"事实并非如此。如果天下大治，那么人本来就没有犯罪，不单是不必用肉刑，就是象征性刑罚也不必用了。如果人有犯罪的，而要径直减轻刑罚，那么就会使杀人的不处死，伤人的不受刑了。罪恶极重而刑罚极轻，平常人就不知道什么叫罪恶了，混乱没有比这样做更大的了。惩罚犯人的目的是：禁止凶暴，反对罪恶，而且惩戒以后不再犯。如果杀人而不处死，伤人而不受刑，这叫做给凶暴以恩惠而宽恕盗贼，这就不是反对作恶了！所以象征性的刑罚，恐怕不是发生在古代的太平盛世，而是兴起于当今的乱世。古代的太平盛世不是这样，凡是爵位、官职、奖赏、刑罚，都是恰当的。善恶各得其报偿。如果有一件处理不当，就会引起混乱。德行与地位不相称，能力与官职不相称，奖赏和功劳不相称，惩罚和罪行不相称，这就是最大的祸害了。过去武王惩罚殷商，杀死纣王，割下他的脑袋，悬挂在红色的旗子上。征讨残暴，诛杀凶悍，本是大治时代的盛事。杀人者处死，伤人者受刑，这是历代君王所相同的，没有人知道它的来源。刑罚与所犯的罪行相称，社会就安定，刑罚与所犯的罪行不相称，社会就混乱。所以治世刑罚就重，乱世刑罚就轻。触犯治世的罪行本来就重，触犯乱世的罪行本来就轻嘛！《尚书》上说："刑罚有的时代轻，有的时代重。"说的就是这个道理。

世俗有一种说法是："汤王、武王不能使天下人都服从他们的命令。"这是怎么回事呢？有人说："因为楚国、越国不接受他们的统辖制约。"事实并非如此。汤王、武王，是最善于使天下服从其法令的人。汤王住在亳，武王住在鄗，都不过百里的地方，可是天下统一，诸侯称臣，凡是可以到达的地方，没有不恐惧服从、接受教化而归顺的，怎么能单单楚国、越国不接受统制呢！王者的制度是，根据不同地形区域而制作器械用具，衡量距离的远近而规定进贡的物品，何必要一样呢？所以鲁国人用碗盛食物，而卫国人用盂，齐国人用皮袋子，地区间环境风俗不同，器械用具和各种装饰品也应该有差异。所以中原各诸侯国同属于天子管辖的一个范围，制度也相同；蛮夷戎狄等四方边远地区的属国同属于天子管辖的另一范围，制度却不同。京城周围五百里之内属于甸服，甸服以外五百里之内为侯服，侯服之外的侯圻、卫圻等地方为宾服，蛮夷地区为要服，戎狄地区为荒服。甸服内的地区供给天子每天祭祀用的物品，侯服内的地区供给天子每月祭祀用的物品，宾服内的地区供给天子四时祭祀用的物品，要服内的地区每年向天子进贡物品，荒服内的地区每逢新王继位时进贡一次。每日的祭祀，每月的祭祀，四时的祭祀，每年的进贡，以及新王继位时的进贡，这些就叫根据不同地区的形势制作器械用具，衡量距离的远近来规定进贡的物品，这是王者的制度。楚国、越国是属于按四时、一年或新王继位时向天子进贡一类的国家，难道一定得与天天、月月供给天子祭品的国家一样，才能说是接受王的统辖制约吗？这是胡乱猜疑的说法，这种知识肤浅的人，不值得和他谈论王者的制度。俗话说："肤浅的人不值得和他谈论深奥的道理，愚蠢的人不值得和他谋划计策，废井中的蛤蟆不值得和它谈论东海的快乐。"说的就是这个意思。

世俗有一种说法是："尧、舜禅让天下给别人。"事实并非如此。作为天子，权势地位最尊贵，天下没有谁能和他相匹配，又能把帝位让给谁呢！道德完备、智慧显明，朝南坐在帝位上，决断天下事，所有的百姓，没有不恐惧服从、接受教化归顺他们的，天下没有隐居的贤士，没有遗漏的好人，和天子一致的就是对的，和天子相背的就是错的，又为什么禅让天下呢？又有人说："尧、舜死了，就让位了。"这又是不对的。圣王在上位，根据德行而决定位次，衡量能力而授予官职，使人民都担负起适当的责任，各得其所；如果不能用礼义克制求利的欲望，不能用人为的努力去改造本性，那就都属于普通百姓。圣王已经死了，天下没有能继起的圣王，那么本来就没有人能接受禅让的王位。天下有继起的圣人，而且是圣王的后代，那么天下就不必归于别人，朝廷官吏不必更换，国家制度也不必变更，天下平平安安，与以前没有什么两样；这就等于让尧继承尧，又有什么可改变的呢？继起的圣人如果不是圣王的后代，而是王公大臣，那么天下人心归向，又重新振兴起来，天下平平安安，与以前也没有什么两样；这也就是尧一样的圣王继承尧，又有什么可改变的呢！只有改朝换代变更制度，才是困难的。所以天子活着，天下就会只尊崇天子，人民顺从，社会安定，根据德行而决定位次；天子死了，那么能够胜任天子位置的人，必然会出现。礼义的名分都已完全做到了，哪里用得着禅让呢！又有人说："天子年老体衰了，所以就擅让帝位。"这又是不对的。天子血气筋力可能衰弱，至于智慧谋略和判断能力是不会衰减的。又有人说："天子年岁大了，受不了劳累而退下来休息了。"这又是怕辛苦的人的议论。作为天子，权势地位最重大，而身体最安逸，心情最愉快而意志不受阻碍，所以身体不会劳累，地位至高无上。穿着五采的衣服，配以各种颜色，绣上华美的文彩，又装饰着珠宝玉器；饮食则是牛羊猪肉俱全，山珍海味齐备，最好的味道应有尽有，一边奏乐，一边进献食物，敲着锣鼓来助兴进食，然后奏着《雍》乐，撤去酒席，祭祀灶神，成百人端着餐具食品在西厢房侍候着；居住则是设置帷帐，背靠着屏风坐着，诸侯在堂下小跑着前来朝见；出外则有巫觋为他祷告祓除不祥，一出城门就有宗祀为他求神求福，乘着大辂车，垫着蒲草编的席子，来满足身体的欲望；车旁放置着香草，用来满足鼻子的欲望；车前有金色彩绘的衡木，用来满足眼睛的欲望；车上的铃声与马蹄声相应和，慢行时合于《武》、《象》乐的节奏，急驱时合于《韶》、《护》乐的节奏，用来满足耳朵的欲望。大臣们扶着车辕，拉着缰绳，诸侯们有的在两旁推着车轮，有的扶着车厢，有的在马前引导，大国王侯跟在后面，大夫又在其后，小国的王侯和上士又在大夫之后，军士穿戴盔甲在道路两旁护卫，老百姓隐藏回避不敢张望。安居如同大神，行动如同天帝，保养身体防止衰老，还有比这更好的吗？老了需要休息，而休息还有比这更愉快安逸的吗？所以说诸侯有告老退休的时候，而天子没有；有诸侯禅让国家的事，而没有天子禅让天下的事，古往今来都是这样。说尧、舜禅让帝位，是无稽之谈，是浅薄者的谣传，是鄙陋者的胡说，他们不懂得对和不对的道理，不懂得小国与大国、天子至尊至愉与诸侯不至尊不至愉的不同，所以没法和他们谈论天下的大道理。

世俗有一种说法是："尧、舜不能教化人。"这是什么意思呢？有人说："丹朱和象就没有受到教化。"事实并非如此。尧、舜，是天下最善于教化人的，他们面朝南坐着，处理天下大事，百姓没有不惧怕服从而接受教化归顺的。然而独独朱、象不接受教化，这不是尧、舜的过错，而是朱、象的罪过。尧、舜是天下的英豪；朱、象是天下的委琐之徒，当世的卑鄙小人。现在世俗上的一些人，不责怪朱、象而非难尧、舜，岂不是大错特错了吗！这就叫做奇谈怪论。羿、逄门，是天下最善于射箭的人，也不能用歪邪的弓和弯曲的箭射中微小的目标；王良、造父，是天下最善于驾驭车马的人，也不能用瘸马坏车到达遥远的地方；尧、舜，是天下最善于施行教化的人，也不能使委琐卑鄙的小人受到教化。什么朝代没有委琐之徒？什么时候没有卑鄙小人？从远古的太皓、燧人氏以来，就没有哪个时代没有这种人啊！所以编造这种世俗之说的人不怀好意，听信这种邪说的人就受了祸害，而反对这种邪说的人值得庆幸。《诗经》上说："老百姓受灾又遭殃，不是从天降下来；当面说笑背地恨，竞相残害是人为。"说的就是这个道理。

世俗有一种说法是:"远古时实行薄葬,棺材板三寸厚,衣服被子各三件,埋葬在田里却不妨碍种田,所以没有人盗墓。当今的乱世实行厚葬,棺木装饰讲究,所以有人盗墓。"这是不懂得治国之道,又不明白盗墓与不盗墓原因的说法。大凡人行偷盗之事,必有原因,不是为了补充自己的不足,就是为了多得到一些财物使自己有剩余。圣王养育百姓,使他们都富裕安逸又知足,而不追求过度的富裕。所以小偷不盗窃,强盗不抢劫,粮食多得连猪狗都不愿意吃了,农民商人都能互相推让财物,社会风俗淳美,男女不私自在路上聚会,而百姓都耻于捡拾别人的遗物。所以孔子说:"天下治理有方,盗贼就先变好吧!"坟墓内即使是死人珠玉满身,绫罗绸缎堆满内棺,黄金布满套棺,再加用丹砂、曾青等各种颜料粉饰棺椁,用犀牛角和象牙做成树木,用琅玕、龙兹、华觐等各种美玉做成果实,人们也没有去盗墓的。这是为什么呢?是因为人们贪求财物的欲望减少了,而怕犯罪的羞耻心增大了。

当今的乱世与此相反,君王不根据法令役使人民,人民不根据制度随意行事,有智慧的人不能参预政事,有才能的人没机会去治理国家,有贤德的人得不到任用。这样,就上失天时,下失地利,中失人和;所以百事荒废,财物短缺,而祸乱四起。王公大人在上面忧患财物不足,庶民百姓在下面受冻挨饿、贫困交加。于是桀、纣一类的人聚集起来,盗贼也到处抢劫,从而危害君王的统治了。他们的行动象禽兽,贪婪如虎狼,杀害大人做成肉干,捉来婴儿烤着吃。这样,又何必责难盗掘坟墓,从死人口中抠出珠玉而贪求财利的人呢!即使赤身裸体埋下去，也必然要被偷盗，还谈什么埋葬呢？他们还要吃死人的肉，啃咬死人的骨头呢。所以有人说："远古时实行薄葬，所以不盗墓；现在混乱而实行厚葬，所以墓被盗。"这只是奸邪之人制造出的谬论，是为了迷惑愚蠢的人，而使他们陷入泥坑，以便从中取利，这就叫做大奸。古书上说："危害别人来保全自己，伤害他人而便利自己。"说的就是这种人。

宋子说："明白了被欺侮并不是耻辱的道理，人们就不会发生争斗了。人们都认为受到欺侮是耻辱的，所以发生争斗，知道了被欺侮不是耻辱，就不会争斗了。"我问：那么也认为人的感情是不厌恶受欺侮的吗？宋钘回答说："厌恶受欺侮，但不感到耻辱。"我说：如果这样，就一定达不到你所求的不争斗的目的了。大凡人相互争斗，必定是以厌恶对方为理由，而不是因为感到羞辱。现在的艺人、矮子、游荡逗乐的人，受到责骂、欺侮而不起来争斗，难道是他们知道受欺侮不算作耻辱吗！受辱而不争斗，是因为他们并不厌恶这种欺侮，假如现在有人从排水沟爬到他家去，偷了他的猪，他就拿着剑戟追赶偷猪的人，而不考虑死伤，这哪里是因为丢了猪而感到耻辱呢！但是他却不怕争斗，是因为憎恨对方的缘故。即使认为受欺侮是耻辱，如果不厌恶就不会争斗；即使知道受欺侮不是耻辱，如果憎恶对方就必然会争斗。那么争斗与不争斗，并不在于感到耻辱或不耻辱，而在于憎恶与不憎恶。现在宋子不能解除人厌恶被欺侮的想法，而竭力劝说人在受到欺侮时不要认为是羞耻，这难道不是大错了吗！宋钘费尽口舌，说破了嘴，也没有任何好处。如果他不知道这是没有好处的，就是不明智；如果知道这是没有好处的，只是用来欺骗人的，就是不仁道。不仁道、不明智，这是最大的耻辱了。自以为对人有益，实际对人没有一点好处，就只有在遭到奇耻大辱后才肯罢休。没有比他的说法更有害的了。

宋子说："被欺侮不算作耻辱。"我说："凡是辩论问题，必须有个正确的标准然后才能进行，没有标准就会是非不分明，辩论无从决断。所以听人说过：'天下最高的准则，判断是非的界限，确定各种官职、等级和名物制度的根据，就是王制。'所以凡是辩论问题，或规定名称，其是非都要以圣王为师法，而圣王区分事物，是以荣辱为准则的。这荣辱各有两个方面：有礼义上的光荣，有权势上的光荣；有道义上的耻辱，有权势上的耻辱。思想纯洁，德行敦厚，智虑精明，这种光荣是由自身获得的，这叫做道义上的光荣。爵位尊贵，贡品俸禄丰厚，权势极高，在上是天子诸侯，在下是卿相士大夫，这种光荣是从身外获得的，这叫做权势上的光荣。邪恶下贱，放荡不羁，冒犯名分，扰乱事理，骄横凶暴，贪图私利，这种耻辱是由自身造成的，这叫做道义上的耻辱。受骂挨揍，杖击鞭打，挖掉膝盖骨，断尸车裂，五花大绑，这种耻辱是由身外产生的，这叫做权势上的耻辱。这就是荣辱的两个方面。所以君子可以遭受权势上的耻辱而不可以有道义上的耻辱，小人可以获得权势上的光荣而不可以有道义上的光荣。遭受权势上的耻辱也不妨碍成为尧一样的圣人，拥有权势上的光荣也不妨碍成为桀一样的恶人。道义上的光荣和权势上的光荣，唯有君子能够二者兼有；道义上的耻辱和权势上的耻辱，唯有小人能够二者兼有。这就是荣辱的区别。圣王把它作为法规，士大夫把它作为正道，官吏把它当作准则，百姓把它看作习俗，这是永远不能改变的。

现在宋子却不是这样，偏偏甘心自己受辱，想在一个早上改变荣辱的准则，这种说法必然是行不通的。打个比方，就象用砖头泥块堵塞江海，让矮人去背太山一样，立刻就要跌倒破碎了。几个和宋子相好的人，恐怕不如劝他放弃这种学说为好，否则他就要受到伤害了。

宋子说："人的性情本来是少欲的，而现在人们都认为自己的性情是多欲的，这是错误的。"所以他率领着一群门徒，四处兜售他的学说，阐明他的比喻和引证，想使他人知道人的性情是欲望极少的。我说：那么宋子认为人的性情应该是这样的：眼睛不想看到美丽的颜色，耳朵不想听到美妙的声音，嘴巴不想吃到山珍海味，鼻子不想闻到沁人的香气，身体不想享受舒适安逸。这五种欲望，他认为是人的性情所不想得到的吗？宋子说："这正是人的情欲所要求的。"回答是：如果这样，那么你们的学说必然就行不通了。认为人的性情有这五种欲望，却说人的欲望不多，就好比说人的性情是希望富贵而不要财物，喜好美貌却讨厌西施一样了。

古代人认为不是这样。他们认为人的性情是欲望多而不是欲望少，所以赏赐就很丰厚，惩罚就用减少俸禄的方法，这是历代帝王所一致的。所以上等贤才享有天下的俸禄，次等贤才享有一国的俸禄，下等贤才享有封地内的俸禄，忠厚老实的百姓供给足够的衣食。现在宋子认为人的性情是欲望少而不是欲望多，那么先王难道是用人们所不想要的东西来赏赐，而用人们所想得到的东西来惩罚吗？混乱没有比这再大的了。现在宋子俨然一副庄重的神情，到处宣扬这种学说，聚集门徒，建立一套学说，撰文著书，可是这种学说不免把大治当作大乱，岂不是大错特错了吗！

礼　论（节选）

这是一篇集中阐述“礼”的起源、内容和作用的专论。荀子重礼，他认为“人生而有欲，欲而不得”，就不能没有争夺，统治者为了调节人们的欲望，“故制礼义以分之”。这就是礼的起源。在荀子看来，“礼”包括“礼义”和“礼仪”两方面，“礼义”是人道的准则，“礼仪”是人们的行为规范。总之包括等级制度、道德标准、礼节仪式等等。荀子把以上内容归结为“养”和“别”两个方面：养，是“养人之欲，给人之求”，就是要合理满足人们的生产生活需求，这自然须用礼加以节制；别，则是“贵贱有等，长幼有差，贫富轻重皆有称”，就是强调等级差别、确立新的社会秩序。礼的目的，荀子认为在于“隆君师”，即树立封建君王的尊严与权威，等等。全文较长，这里只节选了一部分。

礼起于何也？ 曰：人生而有欲，欲而不得，则不能无求，求而无度量分界，则不能不争。 争则乱，乱则穷。 先王恶其乱也，故制礼义以分之，以养人之欲，给人之求。 使欲必不穷乎物，物必不屈于欲①，两者相持

而长，是礼之所起也。

故礼者，养也。刍豢稻粱②，五味调盉③，所以养口也；椒兰芬苾④，所以养鼻也；雕琢刻镂黼黻文章，所以养目也；钟鼓管磬琴瑟竽笙，所以养耳也；疏房檖貌越席床笫几筵⑤，所以养体也。故礼者养也。

【注释】

① 屈（jué）：竭。② 刍豢：泛指肉食之类。③ 盉：通“和”，原误作“香”。④ 椒：木名，即花椒。兰：香草名。芬苾（bì）：芬芳，芳香。⑤ 疏：指通风明亮。檖：通“邃”（suì），深。貌：同“貌”，庙。古代宫室也称“庙”。越席：蒲席。笫（zǐ）：竹编的床垫，这里指床。

君子既得其养，又好其别。曷谓别？曰：“贵贱有等，长幼有差，贫富轻重皆有称者也。故天子大路越席①，所以养体也；侧载睪芷②，所以养鼻也；前有错衡③，所以养目也；和鸾之声④，步中《武》、《象》，趋中《韶》、《护》⑤，所以养耳也；龙旗九斿⑥，所以养信也；寝兕、持虎⑦，蛟韅⑧，丝末⑨，弥龙⑩，所以养威也。故大路之马必信至教顺然后乘之，所以养安也。

孰知夫出死要节之所以养生也⑪？孰知夫出费用之所以养财也？孰知夫恭敬辞让之所以养安也？孰知夫礼义文理之所以养情也？故人苟生之为见，若者必死；苟利之为见，若者必害；苟怠惰偷儒之为安，若者必危；

苟情说之为乐[⑫]，若者必灭。故人一之于礼义，则两得之矣；一之于情性，则两丧之矣。故儒者将使人两得之者也，墨者将使人两丧之者也，是儒、墨之分也。

【注释】

① 大路：即"大辂"，古代天子乘坐的车。② 睪（zé）：通"泽"，泽兰，香草。芷（zhǐ）：香草。③ 错衡：涂金的车前横木。④ 和鸾（luán）：古代的一种车铃。⑤《武》：武王乐。《象》：武王舞。《韶》：舜乐。《护》：汤乐。⑥ 斿（yóu）：旗上的飘带。⑦ 兕（sì）：犀牛。持：通"跱"（zhì），踞。⑧ 韅（xiǎn）：马腹带。⑨ 末：通"幦"（mì），古代车轼上的覆盖物。⑩ 弥：车耳，车厢两旁人倚靠的地方。⑪ 要（yāo）：求取。⑫ 说：喜悦，通"悦"。

礼有三本：天地者，生之本也；先祖者，类之本也；君师者，治之本也。无天地，恶生？无先祖，恶出？无君师，恶治？三者偏亡[①]，焉无安人[②]。故礼，上事天，下事地，尊先祖，而隆君师，是礼之三本也。

……

礼者，以财物为用，以贵贱为文，以多少为异，以隆杀为要[③]。文理繁，情用省，是礼之隆也。文理省，情用繁，是礼之杀也。文理情用相为内外表里，并行而杂[④]，是礼之中流也。故君子上致其隆，不尽其杀，而中处其中。步骤驰骋厉骛不外是矣[⑤]，是君子之坛宇宫廷也。人有是[⑥]，士君子也；外是，民也；于是其中焉，方皇周挟⑦，曲得其次序，是圣人也。故厚者，礼之积也；大者，礼之广也；高者，礼之隆也；明者，礼之尽也。《诗》曰⑧："礼仪卒度⑨，笑语卒获。"此之谓也。

【注释】

①偏亡：缺少一方面。②焉：则。③隆：丰厚。杀(shài)：减等。④杂：集，兼。⑤步骤：指缓行。驰骋(chěng)：疾行。厉骛(wù)：飞跑。⑥有：通"域"，居。⑦方皇：同"仿偟"。周挟(jiā)：周匝，环绕一周。⑧《诗》：指《诗经·小雅·楚茨》。⑨卒：尽。

礼者，谨于治生死者也。生，人之始也；死，人之终也。终始俱善，人道毕矣。故君子敬始而慎终，终始如一，是君子之道，礼义之文也①。夫厚其生而薄其死，是敬其有知而慢其无知也，是奸人之道而倍叛之心也②。君子以倍叛之心接臧谷③，犹且羞之，而况以事其所隆亲乎！故死之为道也，一而不可得再复也，臣之所以致重其君，子之所以致重其亲，于是尽矣。故事生不忠厚，不敬文，谓之野；送死不忠厚，不敬文，谓之瘠。君子贱野而羞瘠，故天子棺椁七重④，诸侯五重，大夫三重，士再重，然后皆有衣衾多少厚薄之数，皆有蒌翣文章之等⑤，以敬饰之，使生死终始若一，一足以为人愿，是先王之道，忠臣孝子之极也。

……

【注释】

① 文：指形式，表现。② 倍：通“背”。③ 接：对待。臧：奴仆。谷：孺子，小孩。④ 七：原作“十”。古代天子棺椁（guǒ）七重。⑤ 蒌翣（lóu shà）：古代棺上的羽饰。原误作“翣菨（jiē）”。

礼者，断长续短，损有余，益不足，达爱敬之文，而滋成行义之美者也①。故文饰、粗恶、声乐、哭泣、恬愉、忧戚，是反也；然而礼兼而用之，时举而代御。故文饰、声乐、恬愉，所以持平奉吉也；粗恶、哭泣、忧戚，所以持险奉凶也。故其立文饰也，不至于窕冶②；其立粗恶也，不至于瘠弃③；其立声乐、恬愉也，不至于流淫惰慢；其立哭泣、哀戚也，不至于隘慑伤生④，是礼之中流也。

……

【注释】

① 滋成：养成。② 窕（yáo）冶：妖艳。③ 瘠弃：指过于简陋。④ 隘慑：指过分悲戚。隘，穷。慑（shè），戚。

故曰：性者，本始材朴也①；伪者，文理隆盛也。无性则伪之无所加，无伪则性不能自美。性伪合，然后成圣人之名，一天下之功于是就也。故曰：天地合而万物生，阴阳接而变化起，性伪合而天下治。天能生物，

不能辨物也[②]；地能载人，不能治人也；宇中万物、生人之属，待圣人然后分也。《诗》曰[③]：“怀柔百神[④]，及河乔岳。”此之谓也。

……

【注释】

① 材朴：材质，未加工的材料。② 辨：分，这里指治理。③《诗》：指《诗经·周颂·时迈》。④ 怀柔：安抚，这里指祭祀。

【翻译】

礼是怎样产生的？回答是：人生下来就有欲望，欲望不能满足，就不能没有追求，一味追求而没有限度，就不能不产生争斗。争斗就引起混乱，混乱就陷入困境。先王厌恶这种混乱，所以制定礼义来划分等级界限，来调节人们的欲望，满足人们的要求。使人的欲望决不至于因财物缺乏而无法满足，使财物决不至于因满足欲望而消耗殆尽，财物和欲望互相制约而增长，这就是礼的起源。

所以礼是用来满足人的欲望的。牛羊猪狗、稻粮谷物、五味调料，是用来满足嘴巴的欲望的；椒树兰草，气味芬芳，是用来满足鼻子的欲望的；雕刻精美的器具，花纹华丽的服装，是用来满足眼睛的欲望的；钟鼓管磬、琴瑟竽笙等各种乐器，是用来满足耳朵的欲望的；敞亮的房屋，深邃的宫室，精细的草席，舒适的床铺和几垫，是用来满足身体的欲望的。所以说礼是用来满足人们的欲望的。

君子既要满足各种欲望，又喜欢有等级区别。什么叫做区别？回答是：贵贱有等级，长幼有差别，贫富轻重各得其宜。所以天子乘着大辂车，铺着精细的越席，是为了满足身体的欲望；车两旁放置香草，是为了满足鼻子的欲望；车前有金色彩绘的衡木，是为了满足眼睛的欲望；车上的铃声与马蹄声相应和，慢行时合于《武》、《象》乐的节奏，急驱时合于《韶》、《护》乐的节奏，这是为了满足耳朵的欲望；车上插着画龙的大旗，旗上有九条飘带，这是为了显示他的神威；车轮上画有卧着的犀牛和蹲着的老虎，马腹上系着蛟鱼皮制的带子，车上挂着丝织的车帘，车耳上刻着蛟龙，这是为了显示他的尊严；驾车的马必须是训练有素，非常驯服，然后才能乘坐，这是为了保证他的安全。

谁知道为名节而死正是为了满足生存的欲望呢？谁知道花费钱财正是为满足发财的欲望呢？谁知道对人恭敬辞让正是为了满足自己求平安的欲望呢？谁知道遵守礼义正是为了满足怡养性情的需要呢？所以如果只知道偷生，这样的人就一定要死；如果只知道贪利，这样的人就一定要受损害；如果只安于松懈懒惰，这样的人就一定有危险，如果只乐于恣情欢悦，这样的人就一定要灭亡。所以人如果完全用礼义统率自己的言行，那么礼义和性情这两方面就同时获得；如果完全用性情统率自己的言行，那么这两方面就会同时丧失。儒者是要人这两方面同时获得，墨者要使人这两方面同时失掉，这就是儒家与墨家的区别。

礼有三个本源，天地，是生命的本源；先祖，是种族的本源；君师，是治国的本源。没有天地，哪会有生命？没有祖先，哪会有自身？没有君师，哪能够治国？这三者缺少任何一方面,人就得不到安宁。所以,礼就是上事奉天,下事奉地,尊重先祖而崇尚君师,这就是礼的三个本源。

……

作为礼,以财物为工具,以车服旗章的贵贱为文饰,以衣物车马的多少为区别,以隆重与简约的适度为纲要。仪式繁多,感情用度省约,这是礼义隆重;仪式简约,感情用度繁多,这是礼义简约。仪式与感情用度互相配合,并行而兼用,这是适中的礼。所以君子对上要搞隆重的大礼,对下要搞简约的小礼,居中要搞适中的中礼。缓步、疾行、急跑,这一切行动都不应超出礼的范围,就好象君子处于宫廷之中一样。人在这一范围内活动,就是君子;超出这一范围,就是百姓;处在这一范围内,随意活动,而又一切都符合礼的次序要求,就是圣人了。所以品行敦厚,是不断积累礼的结果;心胸博大,是普遍遵循礼的结果;品德高尚,是十分推崇礼的结果;智慧明察,是完全实行礼的结果。《诗经》上说:“礼节仪表合法度,言谈举止合规矩。”说的就是这个道理。

礼义要求慎重地处理生死问题。生存,是人生的开始;死亡,是人生的终结。从开始到终结都很完善,做人的道理就完备了。所以君子敬重地对待人生的开始,慎重地对待人生的终了。始终如一,这既是君子之道,也是礼义的体现。人活着的时候很受重视,一死就予轻视,这是敬重活人的有知觉而轻慢死人的无知觉,这是奸人之道,是违背人情的作法。君子用违背人情的心理对待奴隶和小孩,尚且感到羞耻,何况对待自己所尊崇的君王和父母呢?死这件事,人生只有一次而不能有两次。臣下对君王的尊崇程度，子女对父母的敬重程度，在对待君王和父母的死这一点上，体现得最充分了。事奉生者不忠厚，不注重礼节，就叫做粗野；葬送死者不忠厚，不注重礼节，就叫做轻薄。君子鄙视粗野而羞于轻薄，所以天子的棺椁有七层、诸侯是五层、大夫是三层、士人是两层，而后有不同数目的衣服和不同厚薄的被子，棺上都有不同等级的花纹和装饰，用这些东西恭敬地处置丧事，使养生送死始终如一，一切都满足人的愿望，这是先王之道，也是忠臣孝子的最高准则。

……

作为礼，要求取长补短，减少有余，弥补不足，是表达爱慕崇敬的仪式，并且可由此养成按礼行事的美德。所以文彩修饰和粗劣丑恶，音乐和哭泣，愉快和忧伤，这些是相反的，然而礼都加以采用，随时变换使用。文彩修饰、音乐和快乐，是用来对待平安吉庆之事的；简陋、哭泣和哀伤，是用来对待凶险灾难之事的。所以在设置隆重的礼仪时，不至于轻佻妖艳；在设置简陋的礼仪时，不至于过于简单粗鄙；在设置音乐愉快的礼仪时，不至于放荡懈怠；在设置哭泣哀伤的礼仪时，不至于过分悲戚而伤害身体。这就是适中的礼。

……

所以说，天性，是人类原始自然的本质；人为的，是以后增加的繁多的礼法条文。没有本性，人为的就没有地方增添，没有人为的，本性也不能自行完美。本性与人为的相融合，然后才能成就圣人的名声，才能成就天下的功业。所以说，天地合一而万物生成，阴阳相交而变化兴起，本性与人为的相合而天下得到治理。天能生成万物,但不能治理万物;地能负载民众,但不能治理民众;宇宙中的万物和人类,要依靠圣人制定礼义名分才能加以区分。《诗经》上说:“安抚列位神灵,又祭黄河大山。”说的就是这个道理。

……

解　蔽

这是一篇关于认识论和心理学的重要论文。其基本思想是：一、人们认识的本源是感官所接触的外界事物，外界事物是可以被认识的："凡可知，人之性也；可以知，物之理也。"二、人们认识上的错觉和疑神疑鬼，原因是心有所偏，"蔽于一曲，而暗于大理"，只看事物的一面，不看另一面，这是认识上的最大弊病。三、解除这一弊病（"解蔽"）的方法是要全面看问题，克服片面性，心要"虚壹而静"，达到全面而透彻认识事物的思想境界。文中还列举了三种"蔽"与"不蔽"的历史人物，进行对比分析；又举出众多事例，分析人们的各种心理特征，描述了心有疑虑的人的各种幻觉。

凡人之患，蔽于一曲①，而暗于大理②。治则复经③，两疑则惑矣④。天下无二道，圣人无两心。今诸侯异政，百家异说，则必或是或非，或治或乱。乱国之君，乱家之人，此其诚心莫不求正而以自为也，妬缪于道而人诱其所迨也⑤。私其所积，唯恐闻其恶也。倚其所私，以观异术，唯恐闻其美也。是以与治离走而是己不辍也。岂不蔽于一曲而失正求也哉！心不使焉，则白黑在前而目不见，雷鼓在侧而耳不闻，况于蔽者乎[6]？德道之人[7]，乱国之君非之上，乱家之人非之下，岂不哀哉！

故为蔽[8]：欲为蔽，恶为蔽，始为蔽，终为蔽，远为蔽，近为蔽，博为蔽，浅为蔽，古为蔽，今为蔽。凡万物异则莫不相为蔽，此心术之公患也[9]。

【注释】

① 曲：等于说局部。② 复经：指恢复符合正道的认识。③ 两疑：指莫衷一是的态度。④ 妬：嫉妒。缪：通"谬"，迷误。追：疑通"怡"。⑤ 蔽：原误为"使"。⑥ 德：通"得"。⑦ 故：发语词，无义。⑧ 心术：指内心活动，近于今所谓"思想方法"。

昔人君之蔽者，夏桀、殷纣是也。桀蔽于末喜、斯观[1]，而不知关龙逢[2]，以惑其心而乱其行。纣蔽于妲己、飞廉而不知微子启[3]，以惑其心而乱其行。故群臣去忠而事私，百姓怨非而不用[4]，贤良退处而隐逃，此其所以丧九牧之地而虚宗庙之国也[5]。桀死于鬲山[6]，纣县于赤旆，身不先知，人又莫之谏，此蔽塞之祸也。成汤监于夏桀，故主其心而慎治之，是以能长用伊尹而身不失道[7]，此其所以代夏王而受九有也。文王监于殷纣，故主其心而慎治之，是以能长用吕望而身不失道[8]，此其所以代殷王而受九牧也。远方莫不致其珍，故目视备色，耳听备声，口食备味，形居备宫，名受备号，生则天下歌，死则四海哭，夫是之谓至盛。《诗》曰[9]：“凤凰秋秋[10]，其翼若干[11]，其声若箫，有凤有凰，乐帝之心。”此不蔽之福也。

【注释】

① 末喜：即“妹喜”，桀的妃子。斯观：不详，当是桀的佞臣。② 关龙逢：又作“豢龙逢”，桀的贤臣。桀为酒池糟丘，而牛饮者三千人；关龙逢进谏，被桀杀死。③ 妲（dá）己：纣的妃子。飞廉：纣的佞臣。微子启：纣的哥哥。④ 非：通“诽”，责骂。⑤ 九牧：九州。古代相传全国共有九州，此指全国。下“九有”同。虚：通“墟”，此处作动词用。⑥ 鬲（lì）山：即历山。汤放桀于此。⑦ 伊尹：见《非相》篇注释。⑧ 吕望：即姜太公。周初贤臣。⑨《诗》：此为逸诗。⑩ 秋秋：形容跳舞时的姿态。⑪ 干：盾牌。

昔人臣之蔽者，唐鞅、奚齐是也[1]。唐鞅蔽于欲权而逐载子[2]，奚齐蔽于欲国而罪申生[3]，唐鞅戮于宋，奚齐戮于晋。逐贤相而罪孝兄，身为刑戮，然而不知，此蔽塞之祸也。故以贪鄙、背叛、争权而不危辱灭亡者，自古及今，未尝有之也。鲍叔、宁戚、隰朋仁知且不蔽[4]，故能持管仲而名利福禄与管仲齐。召公、吕望仁知且不蔽[5]，故能持周公而名利福禄与周公齐。传曰：“知贤之谓明，辅贤之谓能。勉力强之，其福必长。”此之谓也。此不蔽之福也。

【注释】

① 唐鞅：宋康王的臣。奚齐：晋献公宠妃骊姬的儿子。② 载子：即戴子，宋太宰戴驩。被唐鞅所驱，逃到齐国。载，通"戴"。③ 申生：晋献公的太子，奚齐之兄，献公听信骊姬谮言，杀申生，而立奚齐为太子。④ 鲍叔、宁戚、隰(xí)朋：与管仲同时，都是齐国的贤臣。⑤ 召(shào)公：即召公奭(shì)，周武王的大臣。

昔宾孟之蔽者[①]，乱家是也[②]。墨子蔽于用而不知文，宋子蔽于欲而不知得，慎子蔽于法而不知贤，申子蔽于势而不知知[③]，惠子蔽于辞而不知实，庄子蔽于天而不知人。故由用谓之道，尽利矣；由俗谓之道[④]，尽嗛矣[⑤]；由法谓之道，尽数矣[⑥]；由势谓之道，尽便矣；由辞谓之道，尽论矣；由天谓之道，尽因矣[⑦]。此数具者，皆道之一隅也。夫道者，体常而尽变，一隅不足以举之。曲知之人，观于道之一隅而未之能识也，故以为足而饰之，内以自乱，外以惑人；上以蔽下，下以蔽上；此蔽塞之祸也。

【注释】

① 宾孟：战国时称往来于各诸侯之国的游士为"宾萌"。孟，通"萌"。② 乱家：杂家，百家杂说。即指下文墨子、宋子、慎子、申子、惠子、庄子诸人，参见《非十二子》篇注释。③ 知知：后一个"知"字同"智"。④ 俗：通"欲"。⑤ 嗛：通"慊(qiè)"，适意，满足。⑥ 数：指法律条款。

⑦ 因：指顺从天命。

孔子仁知且不蔽，故学乱术足以为先王者也①。一家得周道②，举而用之，不蔽于成积也③。故德与周公齐，名与三王并；此不蔽之福也。

圣人知心术之患，见蔽塞之祸，故无欲、无恶，无始、无终，无近、无远，无博、无浅，无古、无今，兼陈万物而中县衡焉④，是故众异不得相蔽以乱其伦也。

何谓衡？曰：道。故心不可以不知道。心不知道，则不可道而可非道⑤。人孰欲得恣而守其所不可以禁其所可⑥？以其不可道之心取人，则必合于不道人而不知合于道人⑦。以其不可道之心与不道人论道人，乱之本也。夫何以知！曰心知道然后可道，可道然后能守道以禁非道。以其可道之心取人，则合于道人而不合于不道之人矣。以其可道之心与道人论非道，治之要也，何患不知？故治之要在于知道。

【注释】

① 乱：这里是治理的意思。② 周：普遍，全面。③ 成积：积习。④ 县：通“悬”。衡：秤，指标准。⑤ 可：认可，肯定。⑥ 恣：放任，无拘束。⑦ 不知：“知”字疑衍。

人何以知道？曰：心。心何以知？曰：虚壹而静。心未尝不臧也①，然而有所谓虚；心未尝不两也[2]，然而有所谓一；心未尝不动也，然而有所谓静。人生而有知，知而有志，志也者，臧也；然而有所谓虚，不以所已臧害所将受谓之虚。心生而有知，知而有异，异也者，同时兼知之；同时兼知之，两也；然而有所谓一；不以夫一害此一谓之壹。心，卧则梦，偷则自行[3]，使之则谋。故心未尝不动也，然而有所谓静，不以梦剧乱知谓之静[4]。未得道而求道者，谓之虚壹而静。作之[5]，则将须道者之虚[6]，则入[7]；将事道者之壹，则尽；将思道者之静[8]，则察。知道察，知道行，体道者也。虚壹而静，谓之大清明。

【注释】

①臧：通“藏”，包藏。②两：原误作“满”。③偷：松弛、涣散的意思。④剧：烦乱。⑤作：实行。⑥须：等待。⑦入：原误作“人”。⑧原脱“之”字，今补。

万物莫形而不见，莫见而不论，莫论而失位。坐于室而见四海，处于今而论久远，疏观万物而知其情[1]，参稽治乱而通其度，经纬天地而材官万物[2]，制割大理而宇宙理矣[3]。恢恢广广[4]，孰知其极[5]！睪睪广广[6]，孰知其德！涫涫纷纷[7]，孰知其形！明参日月，大满八极，夫是之谓大人。夫恶有蔽矣哉！

心者，形之君也而神明之主也，出令而无所受令。自禁也，自使也，自夺也，自取也，自行也，自止也。故口可劫而使墨云[8]，形可劫而使诎申[9]，心不可劫而使易意，是之则受，非之则辞。故曰：心容，其择也无禁，必自见[10]，其物也杂博，其情之至也不贰[11]。《诗》云[12]：“采采卷耳，不盈顷筐[13]。嗟我怀人，寘彼周行[14]。”顷筐易满也，卷耳易得也，然而不可以贰周行。故曰：心枝则无知[15]，倾则不精，贰则疑惑。壹于道以赞稽之[16]，万物可兼知也。身尽其故则美。类不可两也，故知者择一而壹焉。

【注释】

① 疏观：通观，通察。② 材：通“裁”，裁判。③ 制割：掌握。④ 恢恢广广：广阔的样子。⑤ 极：边际。⑥ 睪睪：通“皞皞”（hào），广大的样子。广：通“旷”。⑦ 涫涫（guàn）：同“滚滚”，水沸的样子。⑧ 墨：通“默”，不说话。云：说。⑨ 诎：通“屈”。申：通“伸”。⑩ 见（xiàn）：显露，后来写作“现”。⑪ 情：通“精”，专一。⑫《诗》：见《诗经·周南·卷耳》。⑬ 顷筐：指畚箕一类的浅筐。⑭ 寘（zhì）：放。周行：大路。⑮ 心枝：思想分散。⑯“壹于道”三字原无，依文义补。赞：助。

农精于田而不可以为田师[1]，贾精于市而不可以为市师，工精于器而不可以为器师。有人也，不能此三技而可使治三官[2]；曰：精于道者也，精于物者也。精于物者以物物[3]，精于道者兼物物。故君子壹于道而以赞稽物。壹于道则正，以赞稽物则察；以正志行察论，则万物官矣[4]。

【注释】

① 田师：管农事的官。师，专官名。下同。② 三技：指农、贾、工三种技巧。③ 物物：前一“物”字是动词，治理；后一“物”字是名词，指事物。④ 官：治理。

昔者舜之治天下也，不以事诏而万物成[①]。处一危之，其荣满侧；养一之微，荣矣而未知。故《道经》曰[②]：“人心之危，道心之微[③]。”危微之几，惟明君子而后能知之。故人心譬如槃水[④]，正错而勿动，则湛浊在下[⑤]，而清明在上，则足以见须眉而察理矣。微风过之，湛浊动乎下，清明乱于上，则不可以得大形之正也[⑥]。心亦如是矣。故导之以理，养之以清，物莫之倾，则足以定是非、决嫌疑矣[⑦]。小物引之，则其正外易，其心内倾，则不足以决粗理矣。故好书者众矣，而仓颉独传者[⑧]，壹也；好稼者众矣，而后稷独传者[⑨]，壹也；好乐者众矣，而夔独传者[⑩]，壹也；好义者众矣，而舜独传者，壹也。倕作弓[⑪]，浮游作矢[⑫]，而羿精于射[⑬]；奚仲作车，乘杜作乘马[⑭]，而造父精于御。自古及今，未尝有两而能精者也。曾子曰[⑮]：“是其庭可以搏鼠[⑯]，恶能与我歌矣！”

【注释】

① 诏：告诉。② 道经：可能是古书名，现已无存。③ 以上八字，伪古文《尚书·大禹谟》作“人心惟危，道心惟微”。④ 槃：通“盘”。⑤ 湛：同“沈”，泥滓。⑥ 大形：指人

的形体。⑦ 决：断。⑧ 仓颉(jié)：相传是黄帝时的史官。⑨ 后稷(jì)：名弃，姬姓，周的始祖，相传是尧时的农官。⑩ 夔(kuí)：相传是尧、舜的乐官。⑪ 倕(chuí)：相传是古代的巧匠。⑫ 浮游：相传是箭的发明者。⑬ 羿：见《正论》篇注。下文“奚仲”、“造父”亦见《正论》篇注。⑭ 乘杜：即“相土”，相传他发明了四马驾车法。⑮ 曾子：名参，春秋时鲁国人，孔子的学生。⑯ 是：通“视”。庭：通“莛(tíng)”，小竹棍。

空石之中有人焉，其名曰觙[①]。其为人也，善射以好思[②]。耳目之欲接，则败其思；蚊虻之声闻，则挫其精。是以辟耳目之欲[③]，而远蚊虻之声，闲居静思则通。思仁若是，可谓微乎？孟子恶败而出妻[④]，可谓能自强矣，未及思也。有子恶卧而焠掌[⑤]，可谓能自忍矣，未及好也。辟耳目之欲，而远蚊虻之声，可谓能自危矣，未可谓微也。夫微者至人也。至人也，何强，何忍，何危！故浊明外景[⑥]，清明内景。圣人纵其欲，兼其情，而制焉者理矣，夫何强？何忍！何危！故仁者之行道也，无为也；圣人之行道也，无强也。仁者之思也，恭；圣人之思也，乐。此治心之道也。

【注释】

① 觙(jí)：人名，无考。② 射：射覆，古代的猜谜游戏。③ 辟：除去。④“孟子恶败而出妻”至“未可谓微也”几句，文字错乱，今据《荀子集解》引郝懿行等人说校改。⑤ 有

子：即“有若”，孔子的学生。焠（cuì）：火烧。⑥ 浊明：外明内暗。指认识肤浅的人。景：光色。

凡观物有疑，中心不定，则外物不清；吾虑不清，则未可定然否也。冥冥而行者，见寝石以为伏虎也，见植林以为立人也[①]，冥冥蔽其明也。醉者越百步之沟，以为跬步之浍也[②]，俯而出城门，以为小之闺也[③]，酒乱其神也。厌目而视者[④]，视一以为两；掩耳而听者，听漠漠而以为哅哅，势乱其官也[⑤]。故从山上望牛者若羊，而求羊者不下牵也，远蔽其大也。从山下望木者，十仞之木若箸[⑥]，而求箸者不上折也，高蔽其长也。水动而景摇[⑦]，人不以定美恶，水势玄也[⑧]。瞽者仰视而不见星，人不以定有无，用精惑也。有人焉，以此时定物，则世之愚者也。彼愚者之定物，以疑决疑，决必不当。夫苟不当，安能无过乎！

夏首之南有人焉[⑨]，曰涓蜀梁[⑩]，其为人也，愚而善畏。明月而宵行，俯见其影，以为伏鬼也；卬视其发[⑪]，以为立魅也；背而走，比至其家，失气而死。岂不哀哉！凡人之有鬼也，必以其感忽之间疑玄之时正之。此人之所以无有而有无之时也，而己以正事，故伤于湿而痹，痹而击鼓烹豚[⑫]，则必有敝鼓丧豚之费矣，而未有俞疾之福也[⑬]。故虽不在夏首之南，则无以异矣。

【注释】

① 立：原作“后”。② 跬步：古代称半步，即今之迈出

一只脚。浍(kuài)：田间水沟。③ 闺：宫中小门。④ 厌：通"压"，按住。⑤ 官：指感觉器官。⑥ 仞(rèn)：古时八尺叫一仞。箸(zhù)：筷子。⑦ 景(yǐng)：通"影"。⑧ 玄：通"眩"，迷乱，迷惑。⑨ 夏首：古地名，即夏水之口，约在今湖北江陵县东南。⑩ 涓蜀梁：人名，不详。⑪ 卬：通"仰"。⑫ 豚(tún)：猪。⑬ 俞：通"愈"，治好病。

凡可知[①]，人之性也；可以知，物之理也。以可知人之性，求可以知物之理，而无所疑止之[②]，则没世穷年不能遍也。其所以贯理焉虽亿万，已不足以浃万物之变[③]，与愚者若一。学，老身长子，而与愚者若一，犹不知错[④]，夫是之谓妄人。故学也者，固学止之也[⑤]。恶乎止之[⑥]？曰：止诸至足。曷谓至足？曰：圣王[⑦]。圣也者，尽伦者也[⑧]；王也者，尽制者也。两尽者，足以为天下极矣。故学者以圣王为师，案以圣王之制为法，法其法以求其统类[⑨]，以务象效其人。向是而务，士也；类是而几[⑩]，君子也；知之，圣人也。故有知非以虑是，则谓之攫[⑪]；有勇非以持是，则谓之贼；察孰非以分是，则谓之篡；多能非以修荡是，则谓之知；辩利非以言是，则谓之詍[⑫]。传曰："天下有二，非察是，是察非。"谓合王制与不合王制也。天下有不以是为隆正也，然而犹有能分是非治曲直者邪？若夫非分是非，非治曲直，非辨治乱，非治人道，虽能之无益于人，不能无损于人。案直将治怪说，玩奇辞，以相挠滑也[⑬]。案强钳而利口[⑭]，厚颜而忍诟，无正而恣睢，妄辨而几利[15]；不好辞让，不敬礼节，而好相推挤，此乱世奸人之说也，则天下之治说者，方多然矣。传曰："析辞而为察，言物而为辨，君子贱之。博闻强志，不合王制，君子贱之。"此之谓也。

【注释】

①可：原作"以"。②疑：通"凝"，定，止。③浃(jiá)：周匝，这里有穷尽的意思。④错：通"措"，这里是放弃的意思。⑤止：止境，指一定的目标。⑥恶(wū)乎：怎么能。⑦圣王：原作"圣也"。⑧尽伦：通晓事理。⑨法其法：效法其法制。⑩几：接近。⑪攫(jué)：原误为"惧"，夺取。⑫詍(yì)：多言。⑬挠滑(gǔ)：扰乱。⑭强钳(qián)：强迫压制。⑮几：近。

为之无益于成也，求之无益于得也，忧戚之无益于几也[1]，则广焉能弃之矣[2]！不以自妨也，不少顷干之胸中[3]。不慕往，不闵来，无邑怜之心[4]，当时则动，物至而应，事起而辨，治乱可否，昭然明矣！

周而成，泄而败，明君无之有也。宣而成，隐而败，暗君无之有也。故君人者，周则谗言至矣，直言反矣；小人迩而君子远矣！《诗》云[5]："墨以为明，狐狸而苍。"此言上幽而下险也。君人者，宣则直言至矣，而谗言反矣，君子迩而小人远矣。《诗》曰[6]："明明在下，赫赫在上。"此言上明而下化也。

【注释】

① 几：危。② 广：通“旷”。③ 干：干扰。④ 邑：通“悒”(yì)，不愉快。⑤《诗》：此是逸诗。⑥《诗》：见《诗经·大雅·大明》。

【翻译】

大凡人的毛病，在于被偏见所蒙蔽而不明白全面的道理，纠正了偏见，就能恢复正道；而莫衷一是，把片面看问题和全面看问题混淆起来，就迷惑了。天下没有两个真理，圣人不会有两种心志。现在诸侯国各有不同的政令，百家各有不同的学说，那么就一定有的是有的非；有的使社会安定，有的使社会混乱。搞乱国家的君王，不合正道的学者，他们也有真诚的本意，没有不想求得正道才亲自去做的，可是他们嫉恨、错误地对待正道，而别人则投其所好，引诱他们到邪路上去了。他们偏爱自己长期形成的学识，唯恐听到别人说他不对。凭这种偏见来观察与自己不同的学说，唯恐听到赞美别人的话。这样就和正确的认识背道而驰，还自以为是，不能改正。这岂不是被偏见所迷惑而失去了对正道的追求吗！不用心，就是黑白那样分明的颜色在眼前也看不清，打雷、敲鼓那样大的声响在耳边也听不到，更何况心受蒙蔽呢！掌握了正道的人，乱国的君王在上面反对他，不合正道的学者在下面非难他，这岂不是很可悲的吗！

哪些是蔽呢？人情有好恶，偏于欲求的一面是蔽，偏于厌恶的一面也是蔽；事情有始终，偏于开始的一面是蔽，偏于结尾的一面也是蔽；地域有远近，偏于远的一面是蔽，偏于近的一面也是蔽；知识有深浅，偏于深的一面是蔽，偏于浅的一面也是蔽；时代有古今，偏于古的一面是蔽，偏于今的一面也是蔽。万事万物都有差异，就没有不相互蒙蔽的，不注意这些，正是人们思想方法上的通病。

古时受蒙蔽的君王，有夏桀王和殷纣王。桀王受末喜、斯观的蒙蔽不信任关龙逢，因而思想被迷惑，行为也乱了；纣王受妲己、飞廉的蒙蔽而不信任微子启，因而思想被迷惑，行为也乱了。所以群臣都抛弃忠义而营求私利，百姓都怨恨咒骂而不肯为君王效力。贤良之士都离开朝廷，隐退逃亡，这就是桀纣丧失九州之地而宗庙变为废墟的原因！桀死在历山，纣的脑袋被挂在红色的旗子上，自己事先不知道，又没有敢劝谏的人，这就是受蒙蔽带来的祸害。成汤以夏桀的失败为借鉴，保持清醒的头脑而谨慎治理国家，所以能长久地任用伊尹而自己不离开正道，这就是成汤能代替夏王而拥有九州的原因。文王以殷纣的失败为借鉴，保持清醒的头脑而谨慎治理国家，所以能长久地任用吕望而自己不离开正道，这就是文王能代替殷而拥有九州的原因。当时远方没有不来进贡珍奇物品的，所以他们眼看各种美好颜色，耳听各种美妙音乐，口吃各种美味佳肴，身居各种华丽宫室，享有各种美好称誉，活着受到天下的歌颂，死了四海的人都痛哭哀伤，这是最隆盛的了。《诗经》上说："凤凰翩翩翱翔，翅膀象盾牌飞翻，声音如箫声荡漾，凤啊，凰啊，君王心情多欢畅！"这是不受蒙蔽得到的幸福。

古时受蒙蔽的大臣，有唐鞅、奚齐。唐鞅被独揽大权的欲望所蒙蔽而驱逐了载子，奚齐被统治国家的欲望所蒙蔽而陷害了申生，结果唐鞅被宋国杀害，奚齐被晋国杀害。驱逐贤德的宰相，陷害孝顺的兄长，自己要被杀死，却还不明白，这就是受蒙蔽带来的祸害。所以贪婪卑鄙、背叛君王、争夺权力而不遭受危险、耻辱和灭亡之祸的人，从古到今都是没有过的。鲍叔、宁戚、隰朋仁爱智慧而且不受蒙蔽，所以能扶持管仲而名利福禄都和管仲等同。召公、吕望仁爱智慧而且不受蒙蔽，所以能辅佐周公而名利福禄和周公等同。古书上说："认识贤良的人叫做明，辅佐贤良的人叫做能。在这方面多多努力，幸福必定长久！"说的就是这个意思，这就是不受蒙蔽带来的幸福。

古时受蒙蔽的宾客游士，是不合于正道的学者。墨子被实用所蒙蔽，而不懂得礼义文饰；宋子被欲望所蒙蔽，而不知道有道德；慎子被刑法所蒙蔽，而不知道任用贤良，申子被权势所蒙蔽，而不懂得才智的作用；惠子被言辞所蒙蔽，而不知道实际运用；庄子被天所蒙蔽而不知道有人的作用。所以，只从实用的观点来解释，那么道就成为功利了；只从人的欲望来解释，那么道都是满足欲望了；只从法的角度来解释，那么道就成为法律条文了；只从权势来解释，那么道就成了伺机求利了；只从言辞来解释，那么道就成了空洞辩说了；只从天的角度来解释，那么道就成了听天由命了。这几种看法都只是道的一方面。所谓道，它本身的规律不变，但能穷尽事物的一切变化，所以一个方面不足以概括它。一知半解的人，看见道的一个方面而不能认识道，就感到满足而加以炫耀，既扰乱了自己，又迷惑了别人；在上位的人用这种说法蒙蔽下面的人，在下面的人用这种说法欺骗上面的人，这就是蔽塞的祸害。

孔子仁爱智慧而且不受蒙蔽，所以学到了治理国家的方法，足以和古代的帝王相并列。只有孔子一家得到了全面的道，并能加以运用，不被社会的积习成见所蒙蔽。所以德行与周公等同，名望与三王并列。这是不受蒙蔽得到的幸福。

圣人知道人们思想方法上的通病，看见了被蔽塞的灾祸，所以不分欲望和憎恶；不分开始和结尾；不分近处和远处；不分渊博和浅陋；不分古代和现在；而是把万物都排列出来，在中间建立一个正确的标准，因此各种事物就不会相互掩盖某一侧面而搞乱了事物本身的条理次序。

什么是标准？回答是：道就是标准。所以心不可以不明白道。心不明白道，就不能赞成道，而能赞成不合道的东西，谁会在随心所欲的情况下，还固守他所不赞成的东西，禁止他所赞成的东西呢？用他那否定道的心去选择人，那么所选择的一定是适合那些不守道的人而不是那些守道的人。以否定道的心和不守道的人议论正道的人，这是产生混乱的祸根。这样，怎么能认识道呢？心里认识了道然后才能赞成道。赞成道然后才能坚守道而禁止不合于道的行为，以那赞成道的心选择人，那么一定是适合守道的人而不适合于不守道的人了。以那赞成道的心同守道的人议论不守道的人，这是治理国家的关键。这还怕不认识道吗？所以治理国家的关键在于认识道。

人怎样认识道呢？回答是：在于心。心怎样认识道？回答是：要虚心、专一而宁静。心未尝不藏有知识，然而又有所谓虚心；心未尝不能同时认识两种事物，然而又有所谓专一;心未尝不在活动,然而又有所谓宁静。人生下来就有知觉,有知觉就有记忆。所谓记忆就是储藏,然而有所谓虚心;不因心里已藏有的知识而妨碍将要接受的知识就叫做虚心。心生来就有知觉,就能辨别差异。辨别差异就是同时知道两种事物。同时知道两种事物,就是双;然而有所谓专一,不因为对那一事物的认识而妨害对这一事物的认识就叫做专一。心,在人睡觉时就作梦,松弛时就会胡思乱想,使用时就会谋虑思考。所以心未尝不在活动,然而有所谓宁静;不让作梦和胡思乱想干扰认识就叫做宁静。对没有认识道而寻求道的人,告诉他要虚心、专一而宁静。实行起来,如果象等待道的人那样虚心,就能接受道;如果象实行道的人那样专一,就能全面认识道;如果象研究道的人那样宁静,就能明察道。认识了道并能明察它,认识了道并能照着去做,这才是实行道的人。虚心、专一而且宁静,这才达到了认识上的极其透彻、毫无偏蔽的境界。

达到了这一境界,则万物没有有形而看不见的,没有看见而不能论述的,没有论述而不恰当的。坐在室内可以认识天下,生活在今天而谈论远古,洞察万物而认识它们的真相,考察验证治乱的道理而通晓它的规律,治理天地而利用万物,掌握事物的根本规律,而使宇宙万物都有了条理。无限广阔,谁知道他的思想有多广!恢宏旷达,谁知道他的德行有多高!沸腾热烈,谁知道他的变化有多快!他的思想同日月一样光辉明亮,他的思想充满四面八方,这就叫做大人。这哪里会有什么蒙蔽呢!

心是身体的君主,是精神的主宰,它对身体发出命令而不接受命令。人的禁止或使用，放弃或接受，行动或停止，都是由心作主的。所以嘴可以被迫缄默或说话，身体可以被迫曲屈或伸张，而心不可以被迫改变意志。心认为对的就接受，心认为不对的就拒绝。所以说心的状态是，它可以任意选择，不受限制，而且必定自然表现出来；它接应万物，包罗万象，而同时又能极度精专，一心一意。《诗经》上说："多茂盛的卷耳啊，却总是采不满小小的浅筐。我怀念着亲人啊，索性把筐放在大路旁。"浅筐容易装满，卷耳容易采摘，但不可以分心跑到大路上。所以说：心思分散就不能得到知识，心偏移就不能专精，有二心就会疑惑不定。心专一于道来考察万物，那万物就都可以认识了。亲身透彻地了解事理是很美好的，而做事情不能同时干两种，所以有智慧的人选择其中的一种而专心一意地去做。

农民精通种田而不可以成为农官，商人精通市场买卖而不可以成为市场官员，工人精通制造器具而不可以成为管理器具的官。有的人不会这三种技能而可以管理这三种行业。原因是有人精通于道，有人精通于物。精通于一种事物的人可以治理这一种事物，精通于道的人可以同时管理许多事物。所以君子专心于道而借助道来考察事物。专心于道就能认识端正，借助道来考察事物，就能明察秋毫。用端正的心志，运用明察的理论，就可以支配万物了。

古时舜治理天下，不用事事过问，而一切事情都很成功。他专心于道并时时谨慎小心，所以处处都充满荣誉；他专心于道，深入精微，所以有了荣誉自己还不知道。所以《道经》上说："人心要时时谨慎小心，道心要不断深入精微。"谨慎和精微的奥妙,只有明智的君子才能知道。所以人心好比一盘水,端正地放着不动,泥渣就会沉在下面,清洁的水浮在上面,那就足以照见人的胡须眉毛,看清皮肤的纹理了。微风吹过,泥渣在下面晃动,清洁的水面被搅乱,就不能照见人体的本来形貌了。心也是这样。要用道理来加以引导,使它保持清明状态,不让外物干扰它,那么心就足以判定是非、决断嫌疑了。如果有小的事情牵动它,就会使原来端正的外形改变,而内心也随着倾斜不正,这样就连一些肤浅的事理也不能判定了。所以喜欢文字的人很多,却只有仓颉的名声流传下来,这是因为他专一于文字;爱好耕稼的人很多,却只有后稷的名声流传下来,这是因为他专一于耕稼;爱好音乐的人很多,却只有夔的名声流传下来,这是因为他专一于音乐;爱好仁义的人很多,却只有舜的名声流传下来,这是因为他专一于仁义;再如倕制造弓,浮游制造箭,而羿却专门精于射箭;奚仲制造车,杜乘创造四匹马驾车法,而造父却专门精于驾车。从古到今,未曾有心思不专一而能精通事理的人。曾子说:"唱歌时看到击节拍的小棍,就想着用它来打老鼠,这样的人怎么能和我一道唱歌呢!"

石洞里住着一个人,名叫觙。他这个人,善于猜谜语而且喜欢思考。可是一听见好的声音,一看见美的颜色,就扰乱了他的思考;听见蚊蝇的声音,就妨碍他聚精会神。所以屏除耳目的欲望,远离蚊蝇的声音,独居静思就通达明白了。如果思考仁时也象这样,能说达到精微了吗?孟子怕败坏道德而赶走妻子,可以说是能自我勉励了,但不能说思考得很够了。有若看书时怕睡着就用火烧自己的手掌,可以说是能自我克制了,但不能说已经达到喜好思考的程度。避开耳目的欲望,远离蚊蝇的声音,可以说是够小心谨慎的了,但不能说认识道已达到精微的地步了。能够达到精微的程度,就是最完美的人。既然是最完美的人,何必还要自我勉励、自我克制和小心谨慎呢!那些没完全掌握道的人,只是表现在外表,真正掌握了道的人才是内心有所反映。圣人随心所欲,任性而动,然而治理一切事情都很合理。这样,哪里还用得着自我勉励、自我克制和小心谨慎呢?所以仁者按照道办事,不是故意去做的;圣人按照道办事,不是勉强去做的。仁者思考时小心谨慎,圣人思考时轻松愉快。这就是治心的方法。

凡是观察事物有疑惑,心里不能肯定,那么对事物就认识不清。自己思虑不清,就不能判断是非。在黑夜里行走的人,看到卧倒的石头以为是趴着的老虎,看见竖立的树木以为是站着的人,这是因为黑暗遮蔽了他的视觉。喝醉酒的人要跨过百步宽的大沟,以为是跨一步宽的小沟;低着头走出城门,以为是经过又低又矮的小门,这是因为酒扰乱了他的神经。用手指按住眼睛看东西,明明一件会看见两件;捂着耳朵听声音,本来没有声音也好象听见嗡嗡的声响;这是因为外力扰乱了他的感官。所以从山上远远望山下的牛好象羊一样,可是找羊的人不会下山来牵它,因为他知道距离远就缩小了牛的高大。从山下望山上的树木,几丈高的大树好象一根筷子,可是找筷子的人不会上山去取它,因为他知道地势高缩小了树的长度。水晃动了,水中的影子也会晃动,人们不会以这时的影子来判定美或丑,因为人们知道水晃动使人眼花。瞎子抬头看天而不见星星，人们不据此来定星星的有无，因为瞎子的眼睛不可靠。如果有人在这种情况下判断事物，那么他就是世上愚蠢的人。愚蠢的人判定事物，用疑惑不明的心来判断疑惑不清的问题，他的判断必然不准确。如果判断不确，又怎能没有过错呢？

夏首的南面有一个人，名叫涓蜀梁，这个人愚蠢而胆小。在月光明亮的晚上走路，低头看见自己的影子，以为是趴在地上的鬼，仰头看见自己的头发，以为是站着的妖怪，吓得转身就跑。等他到了家里，竟断气而死。这难道不是很可悲的吗？凡是人认为有鬼，必定是在他精神恍惚、神志不清时作出的判断。这正是人把无当作有、把有当作无的时候，而自己却在此时判断事情，就象得了风湿病，得了病而去打鼓驱鬼，杀猪祭神，结果必然是打破了鼓又丧失了猪，而不会有治好病的福气的。所以，这样的人即使不住在夏首的南面，也和涓蜀梁没有什么不同。

能认识事物，是人的本性；可以被认识，是事物本身的道理。人们以可以认识事物的本性，探求事物本身可以被认识的道理，如果没有一定的界限，那么一辈子也不能穷尽对事物的认识。所以学到的道理虽然有亿万之多，到头来还是不能全面了解万物的变化，那就和愚蠢的人一样了。这样学习，直到自己年老了，儿子也长大了，仍然和愚蠢人一样，而且还不知道应当放弃这种学习，那就叫做最无知的人。所以说，学习本来要有个目标，什么地方算目标呢？在“至足”的地方停止。什么叫至足？回答是：就是圣王。所谓圣，就是通晓事理的人；所谓王，就是通晓治国法度的人；两方面都精通，就是天下最高准则了。所以学者以圣王为老师，以圣王的制度为法则，效法圣王的法制并寻求其原理，来努力效法圣王的为人。朝着这个目标努力的，就是士人；接近这个目标的，就是君子；完全通晓这个目标的，就是圣人。所以有智慧而不考虑这个目标，就叫做攫取；有勇气而不去坚持这个目标，就叫做篡夺；有才能而不用来推行实现这个目标，就叫做巧诈；能言善辩而不宣传这个目标，就叫做废话。古书上说："天下的事情都有是非两个方面，要通过'非'分辨出'是'来，要通过'是'分辨出'非'来。"合于圣王之制就是"是"，不合于圣王之制就是"非"。天下如果不用圣王之制作为标准，那还能分辨是非曲直吗？如果不去分清是非，不去弄清曲直，不去辨别治乱，不去研究做人的道理，那么即使有能力，对人也没有好处；即使没能力，对人也没有损害。这不过是讲究怪说，玩弄奇辞，去扰乱人心罢了。蛮横而又善于巧辩，厚着脸皮忍受辱骂，不务正道而放纵任性，妄加诡辩而贪求私利；不讲究辞让，不敬重礼节，而喜欢互相排挤，这就是乱世奸人的学说，而天下著书立说的人，手法多数是这样的。古书上说："玩弄词句而自以为明察，空谈名物而自以为善辩，君子蔑视这种人。见识广博，记忆力强，但不按王者的制度去做，君子同样蔑视这种人。"说的就是这种情况。

如果做了也不能有助于事情的成功，追求了也得不到实际的效果，忧虑也不能补救事情的危殆，那就应该把这些远远地抛开，不让他们来妨碍自己，不让它们有片刻时间来干扰自己。不羡慕过去，也不担忧未来，没有忧愁或怜惜之心，到了适当的时候就行动，事情来了就及时处理，问题发生了就解决，这样是治还是乱，是正确还是错误，就一清二楚了。

隐蔽真情而成功，泄露真情而失败，明智的君王不会有这样的事。开诚布公而成功，隐瞒真情而失败，昏暗的君王不会有这样的事。所以做君王的如果办事隐密不宣，那么谗言就来了，直言就没有了，小人就来亲近而君子都疏远了。《诗经》上说："黑暗的却说成光明，黄狐狸也说成了青黑色。"这就是说君上昏暗而臣下就会阴险。反之，做君王的开诚布公，那么直言就来了，谗言就没有了，君子就来亲近而小人都疏远了。《诗经》上说："下面的（臣民）明明可察，全在于上面的（君上）赫赫显耀。"是说君上明达，臣民必定受到感化。

正 名

孔子重视“正名”，战国诸子对名、实关系也多有探讨，荀子本文则是一篇集中阐述王者制名与正名问题的专论。文章针对公孙龙、惠施诸人的“乱名改作，以是为非”（杨倞语），相当系统地探讨了概念分类和判断、推理等问题，对我国古代逻辑理论和思维方法作出了宝贵贡献。荀子认为，正名的必要性和目的是在于：“明贵贱”、“辨同异”、“率民而一”；事物的名称是人们“约定俗成”的，而这种“约定俗成”必须通过感官接触到外物和心的验证才能确立，也就是说，只有根据客观事物的实际才能确定事物的名称，因而提出了“制名以指实”的重要观点。荀子还唯物主义地说明了辞和概念的性质，从而驳斥了各种诡辩命题；篇中对于新名称的制定、名称有同有异的根据，以及制定名称的基本原则等许多问题，也都作了细致的分析论证。

后王之成名①：刑名从商②，爵名从周③，文名从《礼》④。散名之加于万物者⑤，则从诸夏之成俗曲期⑥，远方异俗之乡，则因之而为通。散名之在人者：生

之所以然者谓之性。性之和所生，精合感应，不事而自然谓之性。性之好、恶、喜、怒、哀、乐谓之情。情然而心为之择谓之虑。心虑而能为之动谓之伪。虑积焉、能习焉而后成谓之伪。正利而为谓之事。正义而为谓之行。所以知之在人者谓之知。知有所合谓之智。智所以能之在人者谓之能。能有所合谓之能⑦。性伤谓之病。节遇谓之命。是散名之在人者也，是后王之成名也。

故王者之制名，名定而实辨，道行而志通，则慎率民而一焉。故析辞擅作名以乱正名，使民疑惑，人多辨讼，则谓之大奸；其罪犹为符节、度量之罪也⑧。故其民莫敢托为奇辞以乱正名，故其民悫。悫则易使，易使则公⑨。其民莫敢托为奇辞以乱正名，故壹于道法而谨于循令矣。如是，则其迹长矣⑩。迹长功成，治之极也，是谨于守名约之功也。

【注释】

① 后王：参见《非相》篇注。② 刑名从商：据古书记载，商代有刑书和《汤刑》。③ 爵名：周代有五等诸侯及三百六十官。④《礼》：指《礼经》，即《仪礼》。⑤ 散名：泛指普通事物的各种名称。⑥ 曲：周全、普遍。期：约定。⑦ 能有所合谓之能：前一“能”字指本能，后一“能”字指才能。⑧ 符节：古代一种用竹或木制成的凭证。⑨ 公：通“功”，功效。⑩ 迹：通“绩”，业绩。

今圣王没①，名守慢，奇辞起，名实乱，是非之形不明，则虽守法之吏、诵数之儒，亦皆乱也。若有王者起，必将有循于旧名，有作于新名。然则所为有名，与所缘以同异，与制名之枢要，不可不察也。

异形离心交喻②，异物名实互纽③，贵贱不明，同异不别。如是，则志必有不喻之患，而事必有困废之祸。故知者为之分别，制名以指实，上以明贵贱，下以辨同异。贵贱明，同异别，如是，则志无不喻之患，事无困废之祸，此所为有名也。

然则何缘而以同异？曰：缘天官④。凡同类同情者，其天官之意物也同。故比方之疑似而通，是所以共其约名以相期也。形体、色、理，以目异；声音清、浊、调、竽奇声⑤，以耳异；甘、苦、咸、淡、辛、酸奇味，以口异；香、臭、芬、郁、腥、臊、漏、庮奇臭⑥，以鼻异；疾、养、凔、热、滑、铍、轻、重⑦，以形体异；说、故、喜、怒、哀、乐、爱、恶、欲⑧，以心异。心有征知⑨。征知，则缘耳而知声可也，缘目而知形可也，然而征知必将待天官之当簿其类然后可也⑩。五官簿之而不知，心征之而无说，则人莫不然谓之不知。此所缘而以同异也。

【注释】

① 没(mò)：通“殁”，死。② 交喻：相互说明。喻，晓喻，说明。③ 互：原误作“玄”。④ 天官：天生的感官，即目、耳、口、鼻、形体、心。⑤ 调、竽：即“窕(tiǎo)、摦(huà)”，亦作“窕、窹”。窕，指声音细微；窹，指声音宏亮。⑥ 郁：腐臭。漏：马臭，原误为“洒”。庮(yǒu)：牛臭，原误为“酸”。

⑦ 养：通“痒”。铍：当作“皲”(jūn)，肌肤坼裂。⑧ 说：通“悦”。故：通“固”，指心中郁结烦闷。⑨ 有：通“又”。⑩ 簿：通“薄”，迫近。

然后随而命之：同则同之，异则异之；单足以喻则单，单不足以喻则兼；单与兼无所相避则共，虽共，不为害矣。知异实者之异名也，故使异实者莫不异名也，不可乱也，犹使同实者莫不同名也[①]。故万物虽众，有时而欲遍举之，故谓之物。物也者，大共名也。推而共之，共则有共，至于无共然后止。有时而欲偏举之[②]，故谓之鸟兽。鸟兽也者，大别名也。推而别之，别则有别，至于无别然后止。名无固宜，约之以命，约定俗成谓之宜，异于约则谓之不宜。名无固实，约之以命实，约定俗成谓之实名。名有固善，径易而不拂[③]，谓之善名。物有同状而异所者，有异状而同所者，可别也。状同而为异所者，虽可合，谓之二实。状变而实无别而为异者，谓之化；有化而无别，谓之一实。此事之所以稽实定数也，此制名之枢要也。后王之成名，不可不察也。

【注释】

① 同实：原误为“异实”。② 偏：指一部分。原作“遍”，据俞樾说改。③ 径：直接。拂(fú)：违反。

“见侮不辱”[①]，“圣人不爱己”，“杀盗非杀人也”[②]，此惑于用名以乱名者也。验之所以为有名而观其孰行，则能禁之矣。“山渊平”[③]，“情欲寡”[④]，“刍豢不加甘，大钟不加乐”[⑤]，此惑于用实以乱名者也。验之所缘以同异而观其孰调[⑥]，则能禁之矣。“非而谓楹”，有“牛、马非马也”[⑦]，此惑于用名以乱实者也。验之名约，以其所受，悖其所辞，则能禁之矣。凡邪说辟言之离正道而擅作者[⑧]，无不类于三惑者矣。故明君知其分而不与辨也。

【注释】

① 见侮不辱：这是宋钘的言论。参见本书《正论》篇注释。② 圣人不爱己：这是墨家学派的观点。杀盗非杀人：墨子的言论。见《墨子·小取》。③ 山渊平：这是惠施的学说。参见《庄子·天下》篇。④ 情欲寡：这是宋钘的学说。参见本书《天论》篇注释。⑤ 这两句是墨子的学说。⑥ 以同异：原在“以”字前衍“无”字。⑦ 谓：原误为“谒”。楹：通“盈”。有：通“又”。⑧ 辟言：邪说谬论。辟，通“僻”。

夫民易一以道而不可与共故，故明君临之以势，道之以道[①]，申之以命，章之以论，禁之以刑。故其民之化道也如神，辨说恶用矣哉[②]！今圣王没，天下乱，奸言起，君子无势以临之，无刑以禁之，故辨说也。实不喻然后命，命不喻然后期[③]，期不喻然后说，说不喻然后辨。故期、命、辨、说也者，用之大文也，而王业之始也。名闻而实喻，名之用也。累而成文，名之丽也[④]。

用、丽俱得，谓之知名。名也者，所以期累实也。辞也者，兼异实之名以论一意也。辨说也者，不异实名以喻动静之道也。期命也者，辨说之用也。辨说也者，心之象道也。心也者，道之工宰也。道也者，治之经理也⑤。心合于道，说合于心，辞合于说。正名而期，质请而喻⑥。辨异而不过，推类而不悖，听则合文，辨则尽故。以正道而辨奸，犹引绳以持曲直；是故邪说不能乱，百家无所窜⑦。有兼听之明，而无奋矜之容⑧；有兼覆之厚，而无伐德之色⑨。说行则天下正，说不行则白道而冥穷⑩，是圣人之辨说也。《诗》曰⑪："颙颙卬卬⑫，如珪如璋，令闻令望⑬，岂弟君子⑭，四方为纲。"此之谓也。

【注释】

① 道之以道：前一"道"字是"导"的意思；后一"道"字指正道。② 说：原误作"埶"。③ 期：这里指领会。④ 丽：通"俪"，并，组合。⑤ 经理：常法，原则。⑥ 请：通"情"，实。⑦ 窜：乱。⑧ 奋矜（jīn）：逞强，自傲。⑨ 伐德：自夸其德。⑩ 穷：通"躬"，自身。⑪《诗》：指《诗经·大雅·卷阿》。⑫ 颙（yóng）颙：体貌谦顺的样子。卬（áng）卬：志气高昂的样子。⑬ 令：好。⑭ 岂（kǎi）弟：通"恺悌"，和乐平易。

辞让之节得矣，长少之理顺矣，忌讳不称，祆辞不出①。以仁心说，以学心听，以公心辨。不动乎众人之非誉，不治观者之耳目②，不赂贵者之权势，不利便辟者之辞[3]。故能处道而不贰，吐而不夺，利而不流，贵公正而贱鄙争，是士君子之辨说也。《诗》曰[4]："长夜漫兮，永思骞兮[5]。大古之不慢兮[6]，礼义之不愆兮[7]，何恤人之言兮。"此之谓也。

【注释】

① 祅辞：怪异之论。祅，通"妖"。② 冶：诱惑，原误作"治"。③ 便辟者：指左右亲信。便辟，原作"传辟"。④《诗》：当为逸诗。⑤ 骞（qiān）：过错。⑥ 大：通"太"。⑦ 愆（qiān）：过失。

君子之言，涉然而精[1]，俛然而类[2]，差差然而齐[3]。彼正其名，当其辞，以务白其志义者也。彼名辞也者，志义之使也，足以相通则舍之矣；苟之，奸也。故名足以指实，辞足以见极，则舍之矣。外是者谓之讱[4]，是君子之所弃，而愚者拾以为己宝。故愚者之言，芴然而粗[5]，啧然而不类[6]，誻誻然而沸[7]。彼诱其名，眩其辞，而无深于其志义者也。故穷藉而无极[8]，甚劳而无功，贪而无名。故知者之言也，虑之易知也，行之易安也，持之易立也；成则必得其所好而不遇其所恶焉，而愚者反是。《诗》曰[9]："为鬼为蜮[10]，则不可得；有靦面目[11]，视人罔极[12]。作此好歌，以极反侧[13]。"此之谓也。

【注释】

① 涉然：深入的样子。② 俛：同"俯"，贴切、中肯。

③ 差差然：参差不齐的样子。④ 讱（rèn）：难，指语言故作艰深。⑤ 芴（wù）然：轻率。⑥ 啧（zé）然：争嚷的样子。⑦ 誻（tà）誻然：嘈杂多言的样子。⑧ 藉：同“借”。⑨《诗》：指《诗经·小雅·何人斯》。⑩ 蜮（yù）：相传一种能含沙射人的动物。⑪ 靦（tiǎn）：惭愧的样子。⑫ 罔极：没有准则。⑬ 反侧：反复无常。

凡语治而待去欲者，无以道欲而困于有欲者也[①]。凡语治而待寡欲者，无以节欲而困于多欲者也。有欲无欲，异类也，生死也，非治乱也。欲之多寡，异类也，情之数也，非治乱也。欲不待可得，而求者从所可。欲不待可得，所受乎天也；求者从所可，所受乎心也。所受乎天之一欲，制于所受乎心之多计[②]，固难类所受乎天也。人之所欲生甚矣，人之所恶死甚矣，然而人有从生成死者[③]，非不欲生而欲死也，不可以生而可以死也。故欲过之而动不及，心止之也。心之所可中理[④]，则欲虽多，奚伤于治！欲不及而动过之，心使之也。心之所可失理，则欲虽寡，奚止于乱！故治乱在乎心之所可，亡于情之所欲。不求之其所在，而求之其所亡，虽曰我得之，失之矣。

【注释】

① 道：导。② 多计：原本无“计”字。③ 成：就，趋于。④ 中（zhòng）：合于。

性者，天之就也；情者，性之质也；欲者，情之应也。以所欲为可得而求之，情之所必不免也。以为可而道之，知所必出也。故虽为守门，欲不可去，性之具也。虽为天子，欲不可尽[①]。欲虽不可尽，可以近尽也[②]；欲虽不可去，求可节也。所欲虽不可尽，求者犹近尽；欲虽不可去，所求不得，虑者欲节求也。道者，进则近尽，退则节求，天下莫之若也。

【注释】

① 尽：满足。② 近尽：接近于满足。

凡人莫不从其所可，而去其所不可。知道之莫之若也，而不从道者，无之有也。假之有人而欲南，无多[①]；而恶北，无寡[②]。岂为夫南者之不可尽也，离南行而北走也哉？今人所欲，无多；所恶，无寡。岂为夫所欲之不可尽也，离得欲之道而取所恶也哉？故可道而从之，奚以益之而乱！不可道而离之，奚以损之而治[③]！故知者论道而已矣，小家珍说之所愿皆衰矣[④]。

【注释】

① 多：指路远。② 寡：指路近。③ 以上三句中的“益”、“损”二字原互误。④ 小家：指宋钘、惠施等人。珍说：异说。

凡人之取也，所欲未尝粹而来也①；其去也，所恶未尝粹而往也。故人无动而不可以不与权俱②。衡不正③，则重县于仰④，而人以为轻；轻县于俛，而人以为重，此人所以惑于轻重也。权不正，则祸托于欲，而人以为福；福托于恶，而人以为祸，此亦人之所以惑于祸福也。道者，古今之正权也，离道而内自择，则不知祸福之所托。

易者，以一易一，人曰无得亦无丧也。以一易两，人曰无丧而有得也。以两易一，人曰无得而有丧也。计者取所多，谋者从所可。以两易一，人莫之为，明其数也。从道而出，犹以一易两也，奚丧！离道而内自择，是犹以两易一也，奚得！其累百年之欲，易一时之嫌⑤，然且为之，不明其数也。

【注释】

① 粹：完全。② 权：秤，这里指衡量行为的标准。③ 衡：秤。④ 县：通“悬”。⑤ 嫌：通“慊”(qiè)，满足，满意。

有尝试深观其隐而难其察者①。志轻理而不重物者，无之有也；外重物而不内忧者，无之有也。行离理而不外危者，无之有也；外危而不内恐者，无之有也。心忧恐则口衔刍豢而不知其味，耳听钟鼓而不知其声，目视黼黻而不知其状②，轻暖平簟而体不知其安③。故向万物之美而不能嗛也④，假而得间而嗛之则不能离也⑤。故向万物之美而盛忧，兼万物之利而盛害。如此者，其求物也，养生也？粥寿也[⑥]？故欲养其欲而纵其情，欲养其性而危其形，欲养其乐而攻其心，欲养其名而乱其行。如此者，虽封侯称君，其与夫盗无以异，乘轩戴絻[⑦]，其与无足无以异。夫是之谓以己为物役矣。

【注释】

① 有：通“又”。② 黼黻（fǔ fú）：古代礼服上所绣的花纹。③ 簟：竹席。④ 向：通“享”。⑤ 间：原误作“问”。⑥ 粥（yù）：古“鬻”字，卖。⑦ 絻：通“冕”，大夫以上的官戴的礼帽。

心平愉，则色不及佣而可以养目[①]，声不及佣而可以养耳，蔬食菜羹而可以养口，粗布之衣、粗紃之履而可以养体[②]，局室、芦帘、稾蓐、尚机筵而可以养形[③]。故无万物之美而可以养乐，无势列之位而可以养名。如是而加天下焉，其为天下多，其私乐少矣[④]。夫是之谓重己役物。

无稽之言，不见之行，不闻之谋，君子慎之。

【注释】

① 佣：通“庸”，平常。② 紃（xún）：粗麻绳。③ 稾（gǎo）：草。蓐：同“褥”。尚：古“敝”字，破旧。原误作“尚”。机筵：几桌。④ 私：原误作“和”。

【翻译】

后王确定名称是这样的：刑法的名称沿用商朝的，爵位的名称沿用周朝的，礼节仪式的名称沿用《仪礼》的。给万物起各种名称，则是根据中原华夏各国的固有习俗和共同约定的名称；边远地区不同风俗的地方，就依靠这些统一的名称而互相沟通。关于人本身的各种名称是：生下来就具有的本能叫做性。由这种本能反应所生的，精神和外界事物相接触后的感应，不经过人为而自然表现的叫做性。性的好、恶、喜、怒、哀、乐叫做情感。情感已经产生了，而心又对此加以选择，这叫做思虑。内心加以思考，又能按照所思考的去行动，这叫做人为。思虑积累多了，动作习惯了，而后形成规范，这也叫做人为。按照正当的标准去做的，叫做有德行。人本身具有的认识外界事物的能力叫做能力。这个能力符合了外界事物的实际，叫做智慧。人本身具有的从事活动的能力叫做本能。人的本能符合外界事物的实际，叫做才能。生理功能受到伤害叫做疾病。偶然的遭遇叫做命运。这是关于人本身的各种一般名称，是后王所确定的名称。

王者所以制定名称，是因为名称确定了，实际事物就辨明了；而制定名称的原则推行了，人们的心思就沟通了，就可以谨慎地率领百姓一致行动。所以玩弄词句、擅自制定名称来扰乱正确的名称，使人民疑惑，引起许多辩驳争论，这样的人叫做大奸。他的罪行就如同私造信物凭证和度量衡一样。王者的人民都不敢借着奇谈怪论来扰乱正名，他们很朴实。朴实就容易役使，容易役使就能收到功效。王者的人民都不敢借着奇谈怪论来扰乱正名，所以就一心一意执行法度，谨慎地遵守政令，这样，王者的事业就可以长久了。事业长久，功名成就，这是国家治理的最高水平，是谨慎遵循名称规定的结果。

现在圣王不在世了，名称的正确规定被忽视了，奇异的言辞产生了，名称和实物混乱了，正确与错误的情形分不清，这样，即使是守法的官吏、能讲述各种典章制度的儒生也都迷惑了。如果有王者兴起，必定会遵循旧有名称，还会制定一些新名称。那么，所以要有名称，以及区别名称同异的根据和制定名称的要领，就不可不考察了。

事物形状不同，人们理解各异，而都要相互说明意见；事物性质不同，而名称和实际又混杂交错，贵贱不能分明，同异不能区别了。象这样，那么就一定会有思想不能表达的忧患，事就有困顿荒废的灾祸。所以有智慧的人对这些现象加以分别，制定名称来表达事物，对上可以分清贵贱，对下可以区别同异。贵和贱分明了，同和异区别了，这样，就没有思想无法表达的忧患，就没有事情困顿荒废的灾祸，这就是所以要有名称的原因。

那么，根据什么来区别名称的同异呢？回答是：根据人自然具有的各种感觉器官。凡是人类，情感都相同，他们的感官对事物的感觉印象就相同；所以通过各种比喻，说得大体相似，就可以互相理解，这就是人们共同约定事物名称，而互相交往的原因。物体的形状、颜色、纹理，靠眼睛来区分；声音的清晰与含混、细微与洪大等各种特殊的声音，靠耳朵来区分；甜、苦、咸、淡、辣、酸等各种特殊的味道，靠嘴来区别；香、臭、芬芳、腐气、腥、臊、马膻气、牛膻气等各种特殊的气味，靠鼻子来区别；痛、痒、冷、热、滑、涩、轻、重，靠身体的感觉来区别；愉快、郁闷、喜、怒、哀、乐、爱、恶和欲望，靠心来区别。心有检证感官认识的能力。虽然心有验证的能力，可是要依靠耳朵才能认识声音，依靠眼睛才能认识形状，可见心的验证能力一定要靠感官接触外界事物后才能发挥作用。五种感官接触了外界事物而不能认识，心感知了而不能加以说明，那么人们就没有不说这是毫无智力的。这就是根据感官接触外物来确定名称的同和异的情况。

在人们取得了认识之后，就要给这个事物起名称：相同的事物就给予相同的名称，不同的事物就要给予不同的名称；单名足以让人明白的就用单名，单名不能使人明白的就用复名；单名与复名的性质不相违背，就用共名，虽然用了共名，对了解事物也没有什么妨害。知道不同的事物应有不同的名称，所以就给所有不同的事物取不同的名称，不可错乱，正如同样的事物没有不同的名称一样。所以万物虽然众多，有时想把它们全部概括起来，就把它们叫做“物”。物是大的共名。推而广之，可以给单个事物归成类，给同一类事物起一个共名，不同类的东西还可以再归成更大的类，起一个更大的共名，这样归纳下去，直到无法再加上共名时为止。有时想把万物中的一部分如飞禽走兽概括起来，就叫做“鸟兽”。鸟兽是大的别名。推而广之，一类事物可以加个别名，个别的事物还可再起个别名，这样推论下去，直到无法再加上别名为止。名称本来没有一定要用这个才算合适的道理，人们共同约定给某个事物命名，约定而成了习惯，也就认为合适了，违反了约定和习惯就是不合适了。名称本来没有一定指称某个实物才算合适的道理，人们共同约定给它取个名字，约定而成了习惯，就成为代表这个实物的名称了。名称有本来就起得好的，直接易懂而不会使人误解，这就叫做好名称。有的事物形状相同而实质不同，有的事物形状不同而实质相同，这是可以区别的。形状相同而实质不同的事物，虽然可合用一个名称，但仍是两个事物，形状变化了而实质无差别，这叫做变化，有形状的变化而没有实质的区别，就叫做同一事物。这就是要考察事物的实质来确定数目的原因，这是制定名称的关键所在。后王制定名称，是不可不考察这些的。

“被欺侮并不是耻辱”，“圣人不爱惜自己”，“杀死强盗不是杀人”，这些说法的错误在于用名称的表面相异扰乱了实质的相同。只要考察一下名称的由来，再比较这种说法和通常的说法哪种行得通，就能禁止这种论调了。“高山和深渊一样平”、“人的情欲本来很少”、“猪牛羊肉的味道并不更甘美，大钟的声音并不使人更快乐”，这些说法的错误在于用个别事实扰乱了一般名称。只要考察一下名称为什么有同有异，再看看这种说法和通常的说法哪种符合事实，就能禁止这种论调了。互相排斥，却说是互相包容，又说“牛马不是马”，这些说法的错误在于用名称的不同扰乱了事物的实质。检验一下名称约定的原则，用这些名称所包含的内容来反驳人们所排斥的内容，就能禁止这种论调了。凡是偏离正道而擅自私造的邪说谬论，没有不和以上三种错误相类似的。所以贤明的君主知道了名称与实物的区别，就不去和他们争辩了。

民众可以用正道来统一而不可跟他们讲明这样做的原因，所以英明的君王用权势来统治他们，用正道来引导他们，用命令告诫他们，用言论来启发他们，用刑法来禁止他们。所以民众受正道的感化迅速而又自然,哪里还用得着辨明解说呢?现在圣王不在世了,天下混乱,奸言四起,君子又没有权势统治人民,没有刑法来制止人民,所以只好用辨明解说了。人们对实物不明白,就给它起个名称,有了名称还不明白,就加以举例,举例还不明白,就加以解说,解说了还不明白,就进行辨明。所以举例、命名、辨明、解说,是实际运用中的重要形式,是成就事业的开始。听到名称就了解了实物,这是名称的用途。联属名称而成文章,这是名称的组合。名称的使用和组合都得当,这就是懂得名称了。名称是人们互相约定加给各种实物的。辞句,是连缀不同事物的名称来表达一个意思的。辨明说解,是对同一事物展开争论,说明是非道理的。体会、命名,是供辨明、说解是非道理时使用的。辨明、解说,是心对道的认识的表达。心是道的主宰。道是治国的根本方法。心意符合于道,解说符合于心意,言辞符合于解说的用意,名称正确而容易举例说明,合乎实际情况而容易理解,辨明事物的差异而没有过错,推论事物的类别而不发生矛盾,这样听起来就合于礼法,分辨起来就尽量推究事情的缘故,用正确的道理分辨奸邪,就象用绳墨衡量曲直一样;因而邪说不能扰乱正道,百家的谬论也无处隐藏了。有兼听各家言论的明智,而没有傲慢自是的态度;有兼容各家学说的度量,而没有自夸美德的神色。学说能实行,天下就走上正路,学说不能实行,就宣传正道,自行退隐,这就是圣人的论辨解说。《诗经》上说:“体貌谦恭,志气高昂,有如宝玉珪璋,多好的声誉,多好的名望。和乐平易的君子啊,是天下的榜样。”说的就是这样的人。

谦让的品德具备了，长幼的礼节恰当了，忌讳的言辞不讲，邪怪的话语不说，以仁爱的心去说话，以求学的心去听别人的言论，以公正的心去辨别是非；不因众人的非难或赞誉而动摇，不因旁观者的议论而迷惑，不被贵者的权势所收买，不被邪僻小人的奉承话所引诱，所以就能遵守正道而不背离，讲话率直而不屈服于外力的胁迫，口齿流利而不漫无边际，重视公正的言论而轻视庸俗的争吵，这是士君子的辨明说解。《诗经》上说："长夜漫漫啊，我久久地思考着自己的过错，对古人的道理没有怠慢啊，对礼义没有违反，又何必顾虑别人的议论呢！"说的就是这个意思。

君子的言论，深刻而精确，中肯而有条理，表面千差万别而道理是一贯的。他选择正确的名称，运用恰当的辞句，来努力表明他的思想。名称和言辞，是用来表达思想的，只要能沟通理解就可以了；乱用名称和辞句标新立异，就是邪说了。所以名称足以反映实物，言辞足以表达主要思想就可以了。离开了这个原则而讲些费解之词，这是君子所抛弃的，而愚者却捡起来当成宝贝。所以愚蠢的人，说话轻率而又粗野，喜欢争吵而没有条理，喜欢多言而乱说一通。他们搬弄诱人的名称，炫耀迷人的言辞，而思想内容却十分浅薄。所以玩弄各种名称和言辞却没有主要思想，非常劳累却没有任何功效，贪求声誉却没有好的名望。而聪明人的言论，考虑起来容易理解，执行起来容易做到，坚持这种主张容易站得住；最后就必然能得到所希望的结果，而不会得到所厌恶的结果。而愚蠢的人正好相反。《诗经》上说："你若是鬼或是怪，那就无法看见你！可你有脸又有眼，人们终会看清你的真相。我作这首好诗歌，尽情地揭穿你这反复无常的人。”说的就是这个道理。

凡主张治理国家要靠除掉人们的欲望的人，这是无法引导人们的欲望，反而被欲望困住了的人。凡主张治好国家要靠减少人们的欲望的人，这是没有办法节制欲望反而被欲望太多困住了的人。有欲望和没有欲望，是不同类的，这是有生命之物与无生命之物的区别，而和国家的治和乱没有关系。欲望的多和少，是不同类的，是情的多少问题，而与国家的治和乱没有关系。欲望并不是因为有可能实现才产生的，但追求欲望的人总是从可能实现的方面去努力。欲望并不是因为有可能实现才产生的，它是生来就有的；追求欲望的人从可能实现的方面去努力，是受心支配的。人生来就有的单纯的欲望，受内心的多种想法所制约，所以很难和天生的欲望相同了。人最强烈的欲望是要活着，人最厌恶的是死亡。然而人有放弃生存而去求死的，并不是不想活着而想死，而是因为当时不可以偷生而应当去死。所以欲望非常强烈而没有付诸行动，是因为心制止了行动。心正好是符合道理的，那么欲望即使多，与治国又有什么妨碍呢？欲望不强烈而行动超过了它，这是心支配了行动。心里认为可做的却不符合道理，那么欲望即使少，又怎么能阻止国家的混乱呢？所以国家治与乱的关键在于内心所认为对的是否符合道理，而不在于欲望的多少。不从关键方面寻找国家治乱的原因，而从与国家治乱没有关系的方面去寻找，虽然自以为找到了，实际上是丢失了。

性，是自然生成的；情，是性的实质；欲望，是情对外物的感应。认为自己的欲望是可以达到的而去追求它，这是人情所不可避免的。认为自己的欲望是对的而去实现它，这是人的智慧所必然要求的。所以虽然是看门人，也不可能没有欲望，这是人的本性所具有的。虽然是天子，欲望也不可能完全满足。欲望虽然不可能完全满足，却可以得到大部分满足，欲望虽然不可以排除，对欲望的追求却是可以节制的。所想得到的虽不能完全满足，追求欲望的人还可以大部分得到满足；欲望虽不可以排除，如果所追求的得不到，想满足欲望的人就会节制追求。掌握礼法的人，条件允许就尽可能满足欲望，条件不允许又能够节制欲望，天下没有比这种作法更好的了。

大凡人没有不去做自己认为该做的事，而抛弃自己认为不对的事的。明白了没有比“道”更好的，却不遵从“道”，这样的人是没有的。假如有人想往南走，就不管路多么远也要去；假如有人不想往北走，就不管路多么近也不去。哪能因为往南走没有尽头就掉转南行的方向而向北走呢？人对自己所喜爱的，再多也不嫌多，对所厌恶的，再少也不要。哪能因为欲望不能完全满足就放弃努力而去追求所讨厌的东西呢？所以欲望符合道理而去满足它，哪能因为欲望增多就天下混乱了呢？欲望不符合道理的就抛弃它，哪能因为欲望减少就安定了呢？所以明智的人只讲欲望是否符合于道就可以了，而各家邪说的宣传就自然消亡了。

大凡人有所求取，他所希望得到的，往往不能完全得到；人有所抛弃，他所厌恶的，往往不能完全去掉。所以人无论什么行动，都不能不有一个衡量的“秤”。秤不准，虽然挂上了重物，反而会仰起来，而人就误以为是轻物；或者挂上轻物，却低了下去，人就误以为这是重物，这是人对轻重产生迷惑的原因。衡量人行为的秤不准，祸害就会包含在欲望中，而人却认为这是幸福；或者幸福包含在他所厌恶的事情中，而人却认为这是灾祸，这也是人对祸福产生迷惑的原因。道，是从古到今衡量一切事物最准确的标准；离开道而凭自己的内心来选择，就不知道祸与福隐伏在什么地方了。

交换，用一个东西换一个东西，人们说这没有多得也没有吃亏。用一个东西换两个东西，人们说这没有吃亏而是多得了。用两个东西换一个，人们说这没有多得而是吃亏了。会计算的人愿意以少换多，会谋虑的人却按照自己认为正确的去交换。用两个换一个，人们都不愿这样做，因为明白数量的多少。依照道去行事，就象用一个东西去换两个东西，哪里会吃亏呢？离开正道而依自己的想法选择，就象用两个东西换一个东西一样，有什么好处呢？积累多年的美好愿望，去换来一时的满足，可是却有人这样做，是因为他太不明白其中数量的关系了。

我又曾深入地观察到一个隐蔽而不易觉察的道理：内心轻视道理而又不看重财物的人是没有的；一味看重财物而内心无忧虑的人也是没有的。行动背离道理而不遇到危险的人是没有的；遇到危险而内心不害怕的人也是没有的。内心忧虑害怕，就是嘴里吃着肉，也尝不出滋味；耳朵听着钟鼓之乐，也不觉得悦耳；眼睛看着华丽的服饰，也不觉得美丽；穿着轻暖的衣服，躺在平坦的席子上也不觉得舒适。所以享受了万物的好处却不能感到快乐，即使暂时感到快乐，而忧虑害怕的心情还是不能排除。所以享受万物的好处却忧虑重重，兼得了万物的利益却隐藏了很大的灾祸。这样的人，他追求财物，目的是养生？还是损寿？本想满足欲望却放纵了性情，本想怡情养性却危害了身体，本想保持快乐却损伤了内心，本想提高名声却败坏了品行。这样的人，即使封了侯，当了君王，也与盗贼没有什么不同；虽然乘着轩车，戴着礼帽，也与砍掉双脚的人没有什么不同。这就叫做让外物役使自己。

内心平静愉快，就是看到极平常的颜色，也很悦目，就是听到极平常的声音，也很悦耳，就是粗茶淡饭也很可口，就是穿着粗布衣、粗麻鞋，也很合体，就是住着狭小的屋子，用着芦苇帘子、稻草垫子、破旧的桌凳，也可以养身。所以，没有享受万物的好处却可以保持快乐，没有权势爵位却可以保持名声，让这样的人管理天下，那他必然为天下操劳多，他个人的享乐少，这就叫做尊重自己而役使万物。

没有根据的言论，没有见过的行为，没有听说过的计谋，君子都要慎重对待。

性 恶

对于人性的不同认识，是战国时代学术界争论的又一个重要问题。荀子持性恶论，他认为人的本性都是“恶”的。荀子从人的生理欲望和物质欲望两个方面出发进行了论证。在他看来，人有善良的表现是后天人为努力的结果，从而强调了教育和环境影响对人的道德观念形成的作用，也强调了人应当努力去改造自己的自然本性。既然人的本性是恶的，那么顺着它自然发展，就会“争夺生而辞让亡”，导致社会混乱。因此，荀子进一步提出了必须在政治上“立君上之势以临之，明礼义以化之，起法正以治之，重刑罚以禁之”的主张。荀子的这些主张，对推动社会前进是有积极意义的。

人之性恶，其善者伪也①。

今人之性，生而有好利焉，顺是，故争夺生而辞让亡焉。生而有嫉恶焉②，顺是，故残贼生而忠信亡焉。生而有耳目之欲，有好声色焉③，顺是，故淫乱生而礼义文理亡焉。然则从人之性④，顺人之情，必出于争夺，合于犯分乱理而归于暴。故必将有师法之化、礼义之道，然后出于辞让，合于文理，而归于治。用此观之，然则人之性恶明矣，其善者伪也。

故枸木必将待檃栝烝矫然后直[⑤]，钝金必将待砻厉然后利[⑥]。今人之性恶，必将待师法然后正，得礼义然后治。今人无师法，则偏险而不正；无礼义，则悖乱而不治。古者圣王以人之性恶，以为偏险而不正，悖乱而不治，是以为之起礼义、制法度，以矫饰人之情性而正之[⑦]，以扰化人之情性而导之也[⑧]。使皆出于治，合于道者也。今之人，化师法，积文学，道礼义者为君子；纵性情，安恣睢[⑨]，而违礼义者为小人。用此观之，然则人之性恶明矣，其善者伪也。

【注释】

① 伪：人为。凡不是天生的（性），而是经过人的作为而成的，就叫“伪”。“性”和“伪”，在荀子书中是相对的概念。② 嫉恶：忌妒、憎恨。③ 有：通“又”。④ 然则：那么。⑤ 枸：通“钩”，曲。檃栝（yǐn kuò）：矫正弯木的工具。烝：通“蒸”。⑥ 砻（lóng）厉：都是“磨”的意思。厉，同“砺”。⑦ 矫饰：整饬。饰，通“饬”，整理。⑧ 扰化：驯服教化。⑨ 恣睢（suī）：任意放纵。

孟子曰[①]：“人之学者，其性善。”曰：是不然！是不及知人之性，而不察乎人之性伪之分者也。凡性者，天之就也，不可学，不可事[②]。礼义者，圣人之所生也，人之所学而能，所事而成者也。不可学，不可事而在天者[③]，谓之性；可学而能，可事而成之在人者，谓之伪；是性伪之分也。

今人之性，目可以见，耳可以听。夫可以见之明不离目，可以听之聪不离耳，目明而耳聪，不可学明矣。孟子曰："今人之性善，将皆失丧其性故也。"曰：若是则过矣，今人之性，生而离其朴，离其资，必失而丧之。用此观之，然则人之性恶明矣。所谓性善者，不离其朴而美之，不离其资而利之也。使夫资朴之于美，心意之于善，若夫可以见之明不离目，可以听之聪不离耳，故曰目明而耳聪也。

今人之性，饥而欲饱，寒而欲暖，劳而欲休，此人之情性也。今人饥，见长而不敢先食者，将有所让也；劳而不敢求息者，将有所代也。夫子之让乎父，弟之让乎兄；子之代乎父，弟之代乎兄；此二行者，皆反于性而悖于情也。然而孝子之道，礼义之文理也。故顺情性则不辞让矣，辞让则悖于情性矣。用此观之，然则人之性恶明矣，其善者伪也。

【注释】

① 孟子：名轲，战国中期儒家重要代表，主张人性善，但以下引文不见于今本《孟子》。② 事：做，指人为的造作。③ 天：原误作"人"。

问者曰："人之性恶，则礼义恶生？[①]"应之曰：凡礼义者，是生于圣人之伪，非故生于人之性也[②]。故陶人埏埴而为器[3]，然则器生于陶人之伪，非故生于人之性也。故工人斫木而成器[4]，然则器生于工人之伪，非故生于人之性也。圣人积思虑，习伪故，以生礼义而起法度，然则礼义法度者，是生于圣人之伪，非故生于人之性也。若夫目好色，耳好听，口好味，心好利，骨体、肤理好愉佚[5]，是皆生于人之情性者也；感而自然，不待事而后生之者也。夫感而不能然，必且待事而后然者，谓之生于伪。是性伪之所生，其不同之征也[6]。故圣人化性而为伪，伪起而生礼义，礼义生而制法度。然则礼义法度者，是圣人之所生也。故圣人之所以同于众其不异于众者，性也；所以异而过众者，伪也。夫好利而欲得者，此人之情性也。假之人有弟兄资财而分者，且顺情性，好利而欲得，若是则兄弟相拂夺矣[7]；且化礼义之文理，若是则让乎国人矣。故顺情性则弟兄争矣，化礼义则让乎国人矣。

【注释】

① 恶（wū）：何，怎么。② 故：通“固”，本来。③ 埏埴（shān zhí）：揉粘土。④ 斫（zhuó）：砍。⑤ 佚：通“逸”，安逸。⑥ 征：征验。⑦ 拂夺：相争夺。

凡人之欲为善者，为性恶也。夫薄愿厚，恶愿美，狭愿广，贫愿富，贱愿贵，苟无之中者，必求于外；故富而不愿财，贵而不愿势，苟有之中者，必不及于外。用此观之，人之欲为善者，为性恶也。今人之性，固无礼义，故强学而求有之也；性不知礼义，故思虑而求知之也。然则生而已①，则人无礼义，不知礼义。人无礼义则乱，不知礼义则悖，然则生而已，则悖乱在己。用此观之，人之性恶明矣，其善者伪也。

孟子曰：“人之性善。”曰：是不然！凡古今天下之所谓善者，正理平治也；所谓恶者，偏险悖乱也。是善恶之分也已。今诚以人之性固正理平治邪？则有恶用圣王、恶用礼义矣哉②！虽有圣王礼义，将曷加于正理平治也哉！今不然，人之性恶。故古者圣人以人之性恶，以为偏险而不正，悖乱而不治，故为之立君上之势以临之，明礼义以化之，起法正以治之，重刑罚以禁之，使天下皆出于治，合于善也。是圣王之治而礼义之化也。今当试去君上之势，无礼义之化，去法正之治，无刑罚之禁，倚而观天下民人之相与也；若是，则夫强者害弱而夺之，众者暴寡而哗之，天下之悖乱而相亡不待顷矣③。用此观之，然则人之性恶明矣，其善者伪也。

【注释】

① 生而已：意思是就人的本性说。生，通“性”，下同。② 有：通“又”。③ 顷：很短的时间。

故善言古者必有节于今，善言天者必有征于人。凡论者，贵其有辨合、有符验①。故坐而言之，起而可设，张而可施行。今孟子曰“人之性善”，无辨合符验，坐而言之，起而不可设，张而不可施行，岂不过甚矣哉！故性善则去圣王、息礼义矣；性恶则与圣王[②]，贵礼义矣。故檃栝之生，为枸木也；绳墨之起，为不直也；立君上，明礼义，为性恶也。用此观之，然则人之性恶明矣，其善者伪也。

直木不待檃栝而直者，其性直也。枸木必将待檃栝烝矫然后直者，以其性不直也。今人之性恶，必将待圣王之治，礼义之化，然后皆出于治、合于善也。用此观之，然则人之性恶明矣，其善者伪也。

问者曰："礼义积伪者，是人之性，故圣人能生之也。"应之曰：是不然！夫陶人埏埴而生瓦，然则瓦埴岂陶人之性也哉！工人斫木而生器，然则器木岂工人之性也哉！夫圣人之于礼义也，辟亦陶埏而生之也[③]；然则礼义积伪者，岂人之本性也哉！凡人之性者，尧、舜之与桀、跖，其性一也；君子之与小人，其性一也。今将以礼义积伪为人之性邪？然则有曷贵尧、禹，曷贵君子矣哉！凡所贵尧、禹、君子者，能化性，能起伪，伪起而生礼义；然则圣人之于礼义积伪也，亦犹陶埏而生之也。用此观之，然则礼义积伪者，岂人之性也哉！所贱于桀、跖、小人者，从其性，顺其情，安恣睢，以出乎贪利争夺。故人之性恶明矣，其善者伪也。

【注释】

① 辨：通"别"，古代所用一种凭证，分两部分，双方各持其一，相合则为证。符：古代朝廷传达命令或征调兵将用的凭证。双方各执一半，合之以验证真假。② 与：等于

说赞许。③ 辟：通“譬”，譬如。

天非私曾、骞、孝己而外众人也①；然而曾、骞、孝己独厚于孝之实，而全于孝之名者，何也？以綦于礼义故也②。天非私齐、鲁之民而外秦人也，然而于父子之义，夫妇之别，不如齐、鲁之孝具敬文者③，何也？以秦人之从情性，安恣睢，慢于礼义故也，岂其性异矣哉！

“涂之人可以为禹④。”曷谓也？曰：凡禹之所以为禹者，以其为仁义法正也。然则仁义法正有可知可能之理。然而涂之人也，皆有可以知仁义法正之质，皆有可以能仁义法正之具，然则其可以为禹明矣。今以仁义法正为固无可知可能之理邪？然则唯禹不知仁义法正⑤，不能仁义法正也。将使涂之人固无可以知仁义法正之质，而固无可以能仁义法正之具邪？然则涂之人也，且内不可以知父子之义，外不可以知君臣之正。今不然，涂之人者，皆内可以知父子之义，外可以知君臣之正，然则其可以知之质，可以能之具，其在涂之人明矣。今使涂之人者，以其可以知之质，可以能之具，本夫仁义之可知之理，可能之具，然则其可以为禹明矣。今使涂之人伏术为学⑥，专心一志，思索孰察⑦，加日县久⑧，积善而不息，则通于神明、参于天地矣⑨。故圣人者，人之所积而致也。

曰：“圣可积而致，然而皆不可积，何也？”曰：可以而不可使也。故小人可以为君子而不肯为君子，君子可以为小人而不肯为小人。小人、君子者，未尝不可以相为也；然而不相为者，可以而不可使也。故涂之人可以为禹，则然；涂之人能为禹，未必然也。虽不能为禹，无害可以为禹。足可以遍行天下，然而未尝有能遍行天下者也。夫工、匠、农、贾，未尝不可以相为事也，然而未尝能相为事也。用此观之，然则可以为，未必能也；虽不能，无害可以为。然则能不能之与可不可，其不同远矣，其不可以相为明矣。

【注释】

① 曾：指曾参。骞（qiān）：指闵子骞。两人都是孔子的学生。孝己：殷高宗的太子。以上三人都以孝行著称。② 綦：极，尽力。③ 敬文：原误为“敬父”。④ 涂：通“途”。⑤ 唯：通“虽”。⑥ 伏术：指遵循礼义法度。伏，通“服”，从事。⑦ 孰：同“熟”。⑧ 县：通“悬”。⑨ 参于天地：意思是与天地的作用相配合（参见《天论》篇注）。

尧问于舜曰：“人情何如？”舜对曰：“人情甚不美，又何问焉！妻子具而孝衰于亲①，嗜欲得而信衰于友，爵禄盈而忠衰于君。人之情乎！人之情乎！甚不美，又何问焉！”唯贤者为不然。有圣人之知者②，有士君子之知者，有小人之知者，有役夫之知者。多言则文而类，终日议其所以，言之千举万变，其统类一也，是圣人之知也。少言则径而省③，论而法④，若扶之以绳⑤，是士君子之知也。其言也谄⑥，其行也悖，其举事多悔，是小人之知也。齐给便敏而无类⑦，杂能旁魄而无用⑧，析速粹孰而不急⑨，不恤是非，不论曲直，以期胜人为意，是役夫之知也。

有上勇者，有中勇者，有下勇者。天下有中[⑩]，敢直其身；先王有道，敢行其意；上不循于乱世之君，下不俗于乱世之民[⑪]；仁之所在无贫穷，仁之所亡无富贵；天下知之，则欲与天下共乐之，天下不知之，则傀然独立天地之间而不畏[⑫]，是上勇也。礼恭而意俭，大齐信焉[⑬]，而轻货财；贤者敢推而尚之，不肖者敢援而废之，是中勇也。轻身而重货，恬祸而广解苟免[⑭]；不恤是非、然不然之情，以期胜人为意，是下勇也。

【注释】

① 妻子：指妻子、儿女。衰：减。② 知：通"智"。③ 径：直。④ 论：通"伦"，条理。⑤ 扶：矫正。扶，原误为"佚"。⑥ 謟(tāo)：荒诞。⑦ 齐给便敏：指口齿伶俐。齐，通"疾"。⑧ 旁魄：即"磅薄"，博大。⑨ 粹孰：熟练的意思。孰，通"熟"。⑩ 中：正道。指礼义法度。⑪ 俗：随从。⑫ 傀(guī)然：高大无畏的样子。⑬ 大：指重视，推崇。⑭ 恬(tián)：安。广解：多方设法以求解脱。

繁弱、钜黍，古之良弓也[①]，然而不得排檠[②]，则不能自正。桓公之葱[③]，太公之阙，文王之录，庄君之曶，阖闾之干将、莫邪、钜阙、辟闾，此皆古之良剑也；然而不加砥厉则不能利[④]，不得人力，则不能断。骅骝、騹骥、纤离、绿耳[⑤]，此皆古之良马也；然而必前有衔辔之制[⑥]，后有鞭策之威，加之以造父之驭，然后一日而致千里也。夫人虽有性质美而心辩知，必将求贤师而事之，择良友而友之。得贤师而事之，则所闻者尧、舜、禹、汤之道也；得良友而友之，则所见者忠信、敬让之行也。身日进于仁义而不自知也者，靡使然也。今与不善人处，则所闻者欺诬、诈伪也，所见者污漫、淫邪、贪利之行也，身且加于刑戮而不自知者，靡使然也。传曰："不知其子视其友，不知其君视其左右。"靡而已矣！靡而已矣！

【注释】

① 繁弱、钜黍(shǔ)：古代良弓名。② 排檠(qíng)：辅正弓弩的器具。③ 葱：齐桓公的剑名。以下阙、录、曶(hū)、干将、莫邪、钜阙、辟闾等，都是宝剑名。④ 厉：通"砺"。⑤ 骅骝(huá liú)、騹(qí)骥、纤离、绿耳：都是古代良马名。⑥ 衔：放在马口内的勒马的工具。辔(pèi)：马缰绳。

【翻译】

人的本性是恶的，而善良是后天人为的。

现在人的本性，生来就有贪图私利之心，顺着这种本性，就会产生争夺，而谦让的行为就没有了。人生来就有嫉妒憎恶之心，顺着这种本性就会残害他人而丧失忠信的美德。人生来就有耳朵和眼睛的贪欲，又喜好声色，顺着这种本性，就会发生淫乱而礼义规范就没有了。这样说来，放纵人的本性，顺从人的情感，就必然会产生争夺，违背名分等级、破坏礼义秩序，从而导致暴乱。所以必须有师长法度的教化，礼义的引导，然后才能互相谦让，行为符合礼义规范，从而使社会安定。由此看来，人的本性是恶的，这是很明显的了，善是后天人为的。

弯曲的木材一定要经过工具的矫正和蒸烤才能变直；金属的器具一定要经过磨砺才能锋利。现在人的本性恶，一定要经过师长和法度的教化才能改变，受到礼义的引导才能治理。现在的人没有师法的教化，就邪恶而不端正，没有礼义的引导，就悖乱而无法治理。古代圣王认为人本性恶，认为人邪僻险恶而不端正，违法乱纪而不守礼义，所以就为他们制定礼义、法度，用来整饬人的性情而加以纠正，用来教化人的性情而加以引导。使人们都遵守秩序，合于正道。今天的人，能够被师法所教化，积累文化修养，遵循礼义的就是君子；放纵性情，肆意胡作非为，违反礼义的就是小人。由此看来，人本性是恶的，这一点已经很明显了，善是后天人为的。

孟子说："人所以能学习，是因为本性是善的。"回答是：这观点不对！这样既没有认识到人的本性，又不明白本性和人为的区别。所谓性，是天然生成的，是不可以学到、不可以改造的。礼义，是圣人制定的，是人可以学来的，可以经过努力而做到的。不可以学来的，不可以改造而人本身就具有的，叫做本性。可以通过学习而获得、可以经过改造而做到、取决于人的努力的，叫做人为。这是本性与人为的区别。

现在人的本性，眼睛可以看见，耳朵可以听到。而可以看东西的视觉离不开眼睛，可以听东西的听觉离不开耳朵，眼睛的视觉，耳朵的听觉，是学不来的，这是很明显的。

孟子说:"人的本性是善的,由于丧失了本性所以才变成恶的了。"回答是:这样说就错了。现在人的本性,如果生下来就脱离了它固有的素质,脱离了它固有的禀赋,那就必定丧失本性。由此可见,人性本恶是很明白的了。所说的性善,应该是不脱离它固有的素质而加以美化,不脱离它固有的禀赋而使其美好。要使那"资"、"朴"与"美"的关系,"心意"与"善"的关系,都是不可分的,这才能叫性善。就象视力离不开眼睛、听力离不开耳朵,才能叫耳聪目明一样。

人的本性,饿了就想吃饱,冷了就想穿暖,累了就想休息,这是人的性情。人饿了,看见长者就不敢先吃,是为了让长者先吃;累了而不敢要求休息,是因为代替长者劳动。儿子对父亲谦让,弟弟对哥哥谦让;儿子代替父亲劳动,弟弟代替哥哥劳动,这两种行为,都违背人的本性和情欲。但这都是孝子之道,是礼义的规范。所以顺着本性和情欲就不会谦让了,谦让就与性情相悖了。由此看来,人性恶是明显的,善是人为的。

有人问:"人本性是恶的,那么礼义是怎么产生的?"回答是:凡是礼义,都是圣人制定出来的,不是人性本来就有的。陶工调和黏土制成陶器,那么陶器就是陶工制造出来的,不是人的本性中本来就有的。工人砍削木材制成木器,那么木器就是工人制造出来的,不是人的本性中本来就有的。圣人经过深思熟虑,熟悉人为的事理,从而制定礼义创造法度,那么礼义法度就来源于圣人的制定,不是人性中本来就有的。至于眼睛爱看美的颜色,耳朵爱听美的音乐,嘴爱吃美味佳肴,心盼望获得财利,身体喜欢舒适安逸，这些都是从人的性情中产生，接触外物就自然如此，不是靠人为的努力才产生的。有了接触而不能自然如此，必须靠人为的努力才出现，这就叫做产生于人为。这就是本性与人为各自产生的情况和他们不同的征验。所以圣人改造恶的本性，倡导人为的善行，人为的善行兴起了，也就产生了礼义，礼义产生了，也就制定了法度，可见礼义法度是圣人所制定的。所以圣人和众人相同之处，就是本性，和众人不同而且超过众人的，就是后天的人为。贪图私利，又想多得，这是人的性情。假如有兄弟之间要分钱财，而且顺着性情，都贪利而想多得，这样兄弟之间就会相互争夺了；如果都按照礼义规范的教化去做，这样就是对素不相识的人也会谦让了。所以放纵情性就会兄弟相争，接受教化就会对一般国人都谦让了。

大凡人想做善事，是因为本性是恶的。薄的想变厚，丑的想变美，窄的想变宽，贫的想变富，卑贱的想变高贵，假如本身没有这种东西，必然向外界追求。富有的就不想发财，尊贵的就不想权势，假如本身有这种东西，就一定不向外界追求。这样看来，人之所以想做善事，是因为本性恶。现在人的本性，本来没有礼义，所以就努力学习以求获得礼义；人的本性并不知道礼义，所以就认真思考以求懂得礼义。那么，就人的本性说，没有礼义，也不懂礼义。人没有礼义就要混乱，不懂礼义就要悖乱，那么，就人的本性说，悖乱就在本性当中。由此看来人的本性是恶的，是很明显了，而善是人为的。

孟子说："人的本性是善的。"我说：这是不对的。大凡古往今来天下人所说的善，是指合乎正道，遵守法度；天下人所说的恶，是指险恶悖乱。这就是善恶的区别。果真以为人的本性就是合乎正道，遵守法度的么？那么还要圣王、还用礼义干什么呢！虽然有了圣王和礼义，对于循正道、守法度的善良本性来说，还能增加什么呢？现在事实并不是这样，人的本性是恶的。古代圣人认为人本性恶，认为人邪僻险恶而不端正，违法乱纪而不守礼义，所以为他们建立君王的权势以统治他们，宣传礼义以感化他们，创立法令以治理他们，加重刑罚以禁止他们，使天下人都安定守秩序，符合善良的标准。这是圣王治理和礼义教化的结果。现在如果试着去掉君王的权势，取消礼义的教化，去掉法度的约束，取消刑罚的制裁，站在旁边观看天下人民的相互交往，这样就会是强者欺侮弱者并掠夺弱者的财物，人数多的就会欺负人数少的并侵扰他们，天下就会立刻变得混乱不堪，相继灭亡。由此看来，人本性恶是明显的，善是人为的。

好谈论古代事情的，一定要有今天的事作验证；好谈论天道的，一定要有人事作验证。凡是言论，重要的是要有证明和根据，所以坐着说的，站起来就可以布置，推广出去就可以实行。现在孟子说"人本性是善的"，没有任何根据，只坐在那里说，站起来不可以安排，推广出去不可以实行，岂不是大错特错了吗？所以本性善就可以去掉圣王，取消礼义了；本性恶就必须肯定圣王，尊崇礼义了。发明矫木之器是因为有弯木头；制作绳墨是因为有不直的东西；设立君王、宣传礼义，是因为有恶的本性。这样说来，人的本性恶是明显的了，善是后天人为的。

直木不用矫木之器而自然笔直，是因为它本性是直的。弯木必须靠矫正蒸烤后才能挺直，是因为它本性是不直的。现在人的本性恶，必须靠圣王的治理，礼义的教化，然后才能都安定守秩序，符合善的标准。由此看来，人本性恶是明显的，善是后天人为的。

有人问："礼义和人为，这是人的本性，所以圣人才能制定礼义。"回答是：这是不对的。陶工调和黏土而制成瓦，难道瓦和黏土就能是陶工的本性么？工人砍削木头而制成器具，难道器具和木头就是工人的本性么？圣人制定礼义，就好比陶工调和泥土制成瓦；那么，礼义和人为，难道就是人的本性了么？大凡人的本性，尧、舜和桀、跖，他们的本性是一样的；君子和小人，他们的本性也是一样的。如今要把礼义和人为当作人的本性吗？那么又何必推崇尧、禹，何必推重君子呢！人们所以推重尧、禹和君子，是因为他们能改造人的本性，能提倡人为的作用，人为兴起了，礼义就产生了；那么圣人对于礼义和人为，就象陶工调和黏土而制造出瓦来一样。由此看来，礼义和人为怎么会是人的本性呢！人们所以鄙视桀、跖和小人，是因为他们放纵本性，顺着情欲，肆意胡为，而互相贪利争夺。所以人本性恶是很明显的，善是后天人为的。

天并不是偏爱曾参、闵子骞和孝己而嫌弃普通人，然而独有曾参、闵子骞和孝己注重孝道，成全了孝的名声，这是为什么呢？是由于他们十分尽力于礼义的缘故。天并不是偏爱齐国、鲁国的百姓而嫌弃秦国人，然而秦国人对于父子之义，夫妇之别，不象齐国、鲁国百姓那样孝道完备、恭敬有礼，这是为什么呢？是因为秦国人放纵情性，肆意胡为，鄙视礼义，哪里是因为本性不同呢？

“路上的普通人都可以成为禹。”这是为什么？回答是：禹之所以成为禹，是因为他实行仁义法度。那么仁义法度有可以懂得、可以做到的道理，而路上的普通人，都具有可以懂得仁义法度的条件和实行仁义法度的能力，那么他们可以成为禹那样的圣人就是很明显的了。现在认为仁义法度本来就是不可理解、实行的，那么即使是禹也不能认识仁义法度，不能实行仁义法度了。难道路上的普通人本来就没有可以认识仁义法度的素质，本来就没有可以实行仁义法度的条件么？那么路上的人在家里也不可能懂得父子间的礼义，在外面也不可能懂得君臣间的法度了。事实不是这样，路上的普通人，在家里都懂得父子间的礼义，在外面都懂得君臣间的法度，那么他们具有可以认识的素质、可以实行的条件，这已经是很明显的了。假如路上的普通人，用他们可以认识的素质，可以实行的条件，按照仁义法度可以认识的道理、可以实行的条件去做，那么他们都能够成为禹就是很明显的了。假如普通人以遵从礼义法度为学习的内容，专心致志，认真思考，周密观察，天长日久，积累善行而不停止，就会和神明交通、和天地并立了。所以圣人是普通人积累善行而成的。

有人问：“圣人可以通过不断积累善行而达到，可是众人都没有积累善行而成为圣人，这是为什么呢？”回答是：可以成为圣人，但不可强迫他们成为圣人。所以小人可以成为君子，却不肯做君子，君子可以变成小人，而不肯做小人。小人与君子未必不可以相互调换，然而不调换，是因为可以调换却不可以强迫他们调换。所以普通人是可以成为禹的，而普通人却未必一定都能成为禹。人可以走遍天下，然而不曾有走遍天下的人。工人、匠人、农民、商人，未必不可以互相对调职业，然而却都没有改行。由此看来，有条件做到，未必就一定能够做到；虽然没做到，却不妨碍他可以做到。那么做与不做，跟能与不能是完全不同的，这两个意思不能混淆是很明显的。

尧问舜说："人情怎么样？"舜回答说："人情一点也不美好，又何必问呢？有了妻子儿女，对父母的孝心就减少了；嗜好欲望满足了，对朋友的诚心就减少了；爵位俸禄得到了，对君王的忠心就减少了。人情啊！人情啊！一点也不美好，又何必问呢？"唯有贤者不是这样。有圣人的智慧，有士君子的智慧，有小人的智慧，有仆役贱人的智慧。说话很多，既有文采，又符合礼法，整天讨论他有这些主张的理由，说起来旁征博引，千变万化，但总的原则是一致的，这是圣人的智慧。说话不多，直率而简明，既有条理又有法度，好象用绳墨衡量过一样，这是士君子的智慧。说话荒诞，行为悖乱，做事多有过失，这是小人的智慧。口齿伶俐而不合于礼法，技能杂多而没有用处，分析问题迅速熟练而并非急需，不顾是非，不管曲直，总是以胜过别人为目的，这是仆役贱人的智慧。

有上等的勇，有中等的勇，有下等的勇。天下有正道，敢于挺身去做；先王有正道，敢于照着执行；对上，不顺从乱世之君，对下，不与乱世之民同流合污；有仁道的地方，就无所谓贫穷；没有仁道的地方，就无所谓富贵；天下人了解他，就和天下人同甘共苦，天下人不了解他，就岿然独立于天地之间而不畏惧，这是上等的勇敢。礼貌恭敬，内心谦让，注重忠信，轻视财物，对贤能的人敢于推荐提拔，对不贤的人敢于撤换罢免，这是中等的勇。看轻身体而注重财物，喜好闯祸而又多方设法解脱，逃避罪责，不顾是非，不管正确不正确，总是以胜过别人为目的，这是下等的勇。

繁弱、钜黍，是古时候的良弓，但是不用矫正弓弩的器具就不会自然取正。齐桓公的葱剑，姜太公的阙剑，周文王的录剑，楚庄王的曶剑，吴王阖闾的干将、莫邪、巨阙、辟闾等剑，都是古时的宝剑；但是不经过磨砺就不会变得锋利，不靠人的力量，就不能砍断东西。骅骝、骐骥、纤离、绿耳，这些都是古时的好马，但必须前边有马嚼子和马缰绳的控制，后边有马鞭子的抽打，再由造父那样的人去驾驭，才能一天跑一千里。人即使有好的素质、聪明的心智，也一定要访求贤明的老师跟他学习，选择良好的朋友跟他结交。能得以事奉贤明的老师，自己听到的就是尧、舜、禹、汤的正道；能跟良好的朋友结交，自己看见的就都是忠信、恭敬、谦让的行为。这样就一天天不知不觉地变得仁义了，这是环境薰陶的结果。假如和不善的人相处，听到的都是欺诈虚伪的话，看到的都是肮脏、污秽、淫邪、贪利的行为，自己就要受到刑罚了还一点不知道，这是环境影响的结果。古书上说："不了解儿子，看看儿子的朋友就知道了；不了解君王，看看君王左右的大臣就知道了。"这是环境的影响啊！这是环境的影响啊！

编后记

2011年我社出版了“古代文史名著选译丛书（134种）”，该丛书是由全国高校古籍整理委员会主持，汇集北京大学、复旦大学等十八所高校古籍所专家学者力量完成的一部高水平、高质量的传统文化普及读物。出版后也得到了读者认可，获得业内好评。

该丛书于2016年入选国家新闻出版广电总局评选的“首届向全国推荐中华优秀传统文化普及图书”名单。为了更好地传播优秀传统文化，我们从中精选了30种文史经典，重新修订、设计，作为珍藏版呈现给读者。

中华优秀传统文化不仅是中华民族的宝贵财富，也是中华民族的精神家园。凤凰出版社谨向为本丛书的编辑出版付出巨大心血的专家学者致以崇高敬意！

古代文史名著选译丛书（珍藏版）书目

书名	译注者	审阅者
论语注译	孙钦善	宗福邦
老子注译	张玉春　金国泰	安平秋
庄子选译	马美信	章培恒
孟子选译	刘聿鑫　刘晓东	黄　葵
荀子选译	雪　克　王云路	董治安　许嘉璐
诗经选译	程俊英　蒋见元	刘仁清
楚辞选译	徐建华　金舒年	金开诚
左传选译	陈世铙	董治安
史记选译	李国祥　李长弓　张三夕	安平秋
汉书选译	张世俊　任巧珍	李国祥
后汉书选译	李国祥　杨　昶　彭益林	许嘉璐
三国志选译	刘　琳	黄　葵
资治通鉴选译	李　庆	黄永年
文心雕龙选译	周振甫	黄永年
世说新语选译	柳士镇　钱南秀	周勋初
颜氏家训选译	黄永年	许嘉璐
陶渊明诗文选译	谢先俊　王勋敏	平慧善
李白诗选译	詹　锳等	章培恒
杜甫诗选译	倪其心　吴　鸥	黄永年
李商隐诗选译	陈永正	倪其心
王维诗选译	邓安生　刘　畅　杨永明	倪其心
苏轼诗文词选译	曾枣庄　曾　弢	章培恒
李清照诗文词选译	平慧善	马樟根
辛弃疾词选译	杨　忠	刘烈茂
王阳明诗文选译	吴　格	章培恒
唐才子传选译	张　萍　陆三强	黄永年
徐霞客游记选译	周晓薇　马雪芹　焦　杰	黄永年　马樟根
阅微草堂笔记选译	黄国声	安平秋
西厢记选译	王立言	董治安
聊斋志异选译	刘烈茂　欧阳世昌	章培恒